deniz gürsoy

harcıâlem içki

bira

OĞLAK / YEMEK / BİRA

Harcıâlem İçki Bira / Deniz Gürsoy

Kurumsal kimlik danışmanı: Serdar Benli
Kitap tasarımı: Derya Diblen
Kapak uygulama: Murat Deniz
Dizgi düzeni: Goudy, 11 / 15 pt.
Ofset hazırlık: Oğlak Yayınları
Baskı: Oğlak Baskı Hizmetleri
Tel: (0-212) 612 73 05

Oğlak Yayıncılık ve Reklamcılık Ltd. Şti.
Genel yönetim: Senay Haznedaroğlu
Yayın yönetmeni: Raşit Çavaş
Zambak Sokak 29, Oğlak Binası, 80080 Beyoğlu-İstanbul
Tel: (0-212) 251 71 08-09, Faks: (0-212) 293 65 50
e-posta: oglak@oglak.com

Birinci baskı: 2004
ISBN 975 - 329 - 462 - X

İÇİNDEKİLER

önsöz

"Zamanın yararı kimin umurunda,
bugün bira içiyorum"

Edgar Allan Poe

Profesyonel hayatımın ilk yıllarında çalıştığım şirketin Amerika'daki merkezinde iki buçuk ay çalıştırılmaya gönderildim. Yıl 1976 ya da 1977 olmalı. Orada kaldığım süre içerisinde yaşadıklarımdan aklımda bir kaç anı kalmış. Bu hoş anıların başında paydostan sonra takıldığımız *Golden Egg* [Altın Yumurta] barında bir yuvarlak masa etrafında birbiri arkasından yöresel biraları yuvarlarken yaptığımız sohbetler gelir.

Tabii "mavra"nın tam zirvesinde arkadaşlardan biri "haydi şunun sonunu çabuk getir, donuma işeyeceğim!" derken yüzündeki sabırsız ifade belleğime neredeyse kazınmış bir halde.

Bir saati aşmayan bu ayaküstü terapi seanslarında günlük yüksek tempolu iş hayatının vücutta biriktirdiği elektrik, sohbetlerle boşaltılır, yerine, başlayacak gece için vücuda taze enerji pompalanırdı.

Bardan çıktığımızda Ohio'nun affetmez soğuğu kulaklarımızda kamçılanır, biraz önce barda içkinin son demlerinde üzerimize çökmüş olan mahmurluğu, esen rüzgâr suratımızı yalayarak âdeta kovardı. Paltomun yakalarını kaldırıp kuru soğuk havadan derin bir nefes çeker ve masanın etrafında yer alan, çoğu birbirine zıt karakterde kişileri sorunsuz bir biçimde uzlaştıranın bira olduğunu düşünürdüm.

Bomonti bira bahçesi.

Evet, iki üç bardak birayla paylaşılan o masada çok tatlı muhabbetlerimiz olmuştu. Bira artık su ve gazlı meşrubattan sonra bugün dünyada en çok tüketilen sıvı oldu.

Özellikle yaz aylarında serinletici özelliği dolayısıyla tüketimi bir hayli artan bira, yaşadığımız topraklarda doğmuş. Sümerler, Asurlar, Hititler hep bira içmiş. Biz onların torunları olarak geç kalmışız ve ilk bira fabrikasını ancak 1890 yılı civarında kurabilmişiz. Bu arada İÖ 278 ile İS 25 arasında Ankara'yı başkent yapıp bir imparatorluk kurmuş olan Galatlar yani Gallia'lılar (Keltler) Fransa'nın Lyon şehri civarından yola çıkarken herhalde bira tariflerini yanlarına almayı unutmuş olamazlar. Onlar Orta Anadolu'daki yaklaşık 300 yıllık serüvenlerinde birayı mı yoksa şarabı mı yeğlediler, bilmiyoruz.

Bereket versin bira konusunda çalışan iki özel sektör şirketi Türkiye'deki bira pazarını geliştirmek yolunda katkıda bulundular. Hatta bunlardan biri yatırımlarını yurt dışına da yayarak dünyanın büyükçe bir bölgesinde pazar payı kaptı.

Bu arada ülkemizde yalnızca (Tekel ile birlikte) üç üretici olmasına rağmen uzun yıllar hasret olduğumuz değişik bira çeşitleri son zamanlarda üretilmeye başlandı.

Şimdi yerli üretimdeki çeşitlenmenin yanı sıra ithal bira bulmak da mümkün hale geldi. Bir yandan da köhneleşmiş birahanelerin tozu atılarak modern, aydınlık, kadın erkek her yaştan gençlerin gidebileceği birahaneler açılıyor. Bu yeni yatırımlar bira imalat firmaları tarafından destekleniyor.

Ülkenin iki bira grubu köhnemiş loş birahaneleri her kesimden tüketicinin bir arada modern ve uygar bir ortamda muhabbet edip güzel anılarını paylaşabilecekleri mekânlara dönüştürme projesi başlatmışlar bile. Mekânların yalnızca görüntüsü değil, mutfak, elektrik, havalandırma tesisatları da baştan aşağı yenileniyor. Müşterilerin, Avrupa birahaneleri standartlarında hoşça vakit geçirecekleri yerler yaratıyorlar. Bu çabalarının hepsi bira kültürünün zaman içinde gelişmesi için gerekli uzun vadeli hedefin stratejik adımları.

Genç Türkiye'de her satıcı ilerde pazar payını sağlama almak için gençlere asılıyor. Taşrada içkili âlem için düğün kollayan gençler, şimdi metropollerde birahanelerde sıkça efkâr dağıtıyorlar.

Gelir seviyesi daha yüksek olanlar ise barlarda bir Meksika birası olan Corona şişesini eline alıp şişenin ağzına eğreti olarak takılmış limon dilimini tek bir parmak hareketiyle şişenin içine düşürüp ilk yudumunu alırken etrafına caka satıyor.

Biracılar, nispeten düşük alkollü olan içkilerini özellikle futbol arenasında büyük reklam tanıtım giderleriyle gençlere öne çıkartma yarışı içerisinde. Sert içki üreticileri de boş durmuyor, biracıların kaptığı gençlik

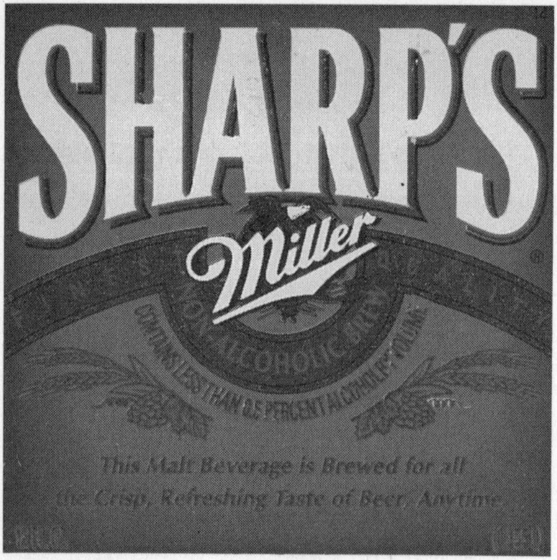

Alkolsüz bir bira.

segmentine girebilmek için votkalı meşrubat (Smirnoff Ice), romlu meşrubat (Bacardi Silver), rom ve meyve suyu (Bacardi Breezer), Kronenburg birası içinde 2,5 cl absent (Deco), votka ve meyve suyu (Reef) sunarken, J&B' nin açtığı gençlik yolundan viskiciler de geri kalmayıp *light* viskiyi de gençlerin devam ettiği barlara yerleştirmekte başarılı oluyorlar. Diğer yandan da şampanya imalatçıları ufak şişelerde, pop adını verdikleri, gece kulüplerinde pazarladıkları ürünlerini önce gençlere kamışla içirmeyi deniyorlar. Kamışın ucu dilin hep aynı noktasına içkiyi basınca dili tırmalıyor ama şampanyacılar yılmıyorlar. Bu yıl şişelerin ucuna mikadan huni gibi bir ağızlık yapmışlar, içerken sıvı ağızın tamamına yayılıyor. Bu defa dili yakmıyor. Tabii yerli biracılar da bu rekabete sessiz kalmıyor, limonlu bira gibi yeni içecekler pazara sürüp, yeni gençliğin yeni trendini kendilerinde tutmaya çalışıyorlar.

Orta sınıfın Amerikanca isyanı da bugünlerde yine bira endeksli oluyor. Amerikalılar iki kutu biradan sonra bağırıyorlar: "*Too many bloody lights in the house!*". Yani "Bu evde ne çok Allah'ın belası lamba yanıyor?

Biz iki kadeh rakıdan sonra "Ne olacak bu ülkenin hali" diye başlarken, onlar da bir iki şişe ya da kutu biradan sonra "Nasıl yaparız da, biriki lamba az yakıp, bira paralarını çıkartıp evi kurtarırız?" diye düşünmeye başlıyor olmalılar.

İşte bu hır gür içerisinde ben de oturdum meraklısı için bir bira kitabı yazdım. Dünya Yayınları'nın tek olan çeviri *Amatörler için Bira* kitabından sonra yeni bir bira kitabı. Ama bu defa telif. Meraklısı okusun, bira nasıl içilir öğrensin. Ağrı civarında köylüler şöyle der: "Bilmediği otu yiyen keçinin karnı ağrır." Su ve meşrubatın nasıl içileceğine dair kitap okumaya gerek yok ama onlardan sonraki en yüksek satışlı bu içkinin alkollü olması nedeniyle dikkatli olmak gerek. Genelde düşük alkollü olarak bılinen biranın bazı türleri % 12, (Thomas Hardy's Ale/İngiltere % 12,48) hatta % 14'e (Samichlaus Bier/İsviçre % 13,7) kadar alkol içerebiliyor. İşte o zaman şişede durduğu gibi durmaz bira. Uysallığını kaybeder, ejderha oluverir birdenbire ve çarpar adamı. Hem de öyle böyle değil, adamakıllı çarpar, küfelik eder.

Amacım birayı anlatırken, tarihini, toplumsal geçmişini, yani biranın ardında yatan "bira kültürünü" de bir hayat çeşnisi olarak okuyuculara sunabilmek. Seneca ne demiş?

İyi yaşamayı öğrenmek bir ömür boyu sürer.

Light bira

Amacım okuyanı asla bira içiciliğine özendirmek değil, herkes kendi tercihine göre kendi yolunu kendi seçerken, hiç olmazsa bilerek seçsin diye konuyu olabildiğince açmak.

Sümerler ve Eski Mısırlılar, bira bardağını gökyüzüne kaldırarak bir bakıma birayı Tanrılar'a adarlarmış. Sağ elim bu satırları yazarken, sol elimdeki, üstü iki parmak köpük yapmış bira dolu bardağı yukarı kaldırıp "şerefinize" diyorum.

Sonra bardağı masanın üzerine koyup çanaktaki sıcacık tuzlu yer fıstığından bir tane alıp iki parmağımla ovalayarak kabuğundan arındırıyorum. Fıstığı ağzıma atıyorum. Biranın damağımda bıraktığı tat ile fıstığın tadı ben çiğnedikçe kaynaşıyor ve fıstığın bıraktığı yağ sanki bu harmanı kaymaklaştırıyor.

İşte, hayatın yaşanmaya değer bir başka ânı. İşte damağımda biraz öncekinden daha değişik bir tat.

Değmez mi bu ânı doya doya yaşamaya?

Ey, canıma yaz mevsiminden daha çok can katan bira,
Başka içkilere nasıl tercih etmem seni ben?
Çünkü, seni kararında içtiğimde zıvanadan çıkmam ben.

Martin Engelbert'in bira içen adam
portresindeki özgün metinden alınmıştır.

Üstte: İzmir'de, Elhamra Birahanesi, işgal dönemi, *altta: Kalamış Todori Birahanesi*

içkilerin atası bira

"Birayı keşfeden akıllı bir adamdı."
Platon

Eşim, Platon'un bu sözünü okuyunca ilk tepkiyi verdi: "Bu Platon'u da ben adam bilirdim! Araştırmadan konuşmuş! Nereden biliyor birayı keşfedenin erkek olduğunu? Belki de kadındır!" Doğru tahmin ettiniz. Bir tarafta eşim diğer tarafta Platon olunca, Platon'un tarafını tutacak kadar aptal değilim. Tabii ki derhal "Haklısın" dedim eşime.

Bira insanoğlunun yaptığı ilk alkollü içki. Tarım günümüzden yaklaşık on bin yıl öncesinde başladığından, bira da on bin yıldır hayatımızda yer etmiş olmalı. Ancak, biranın insan kullanımına dair en eski buluntular İÖ 4000-3500 yıllarına ait. Örneğin İran'da Godin Tepe'de yapılmış olan kazılarda İÖ 3500 civarında arpa fermentasyonu yapıldığını ortaya koyan bulgular var. Türkiye'de Hacınebi Tepe kazılarında ortaya çıkartılanlar da Mezopotamya'da ve Anadolu'da İÖ 4000-3500 arasında arpa fermentasyonu yapıldığını kanıtlamakta, çünkü her iki yer de Sümerler'in ticaret kolonisi.

İnsanoğlunun Erken Neolitik Çağ'da tahıl ziraatine başladığının anlaşılmasıyla birlikte onların yetiştirdiği tahılı nasıl yiyecek içecek haline getirdikleri de merak konusu oldu.

Kimi tahılları filizlenmeye terk ettikleri ve filizli halde tükettikleri-

Mısır'da bira üretimi hazırlığı

ni ileri sürdü. Kimi alevde kavurduktan sonra ezerek un haline getirip bulamaç olarak yedikleri iddiasını benimsedi. Bir başka iddia ise bu bulamacı pişirmeyi öğrendikleri andan itibaren bira üretiminin öğrenilmiş olduğudur. Bu iddia, hayvan derisinden kaptaki bulamacın içine ateşte kızdırılmış çakıl taşı atarak bulamacın pişirildiğini öne sürmektedir. Bu yöntemin uzun süre Germen ülkelerinde kullanıldığına ve biracılığın başlangıcının da bu yoldan olduğuna inanılır. 19. yüzyıla kadar Avusturya'da *Steinbierbrauerei* denilen "taş birası birahaneleri" bu yöntemle bira imalinin yapıldığı yerlerdi.

Antropolog Raglan ise tamamen değişik bir görüşü savunuyordu. Ona göre insanoğlu tarıma başladığında elde ettiği ilk ürünü uzun bir süre bira yaparak bir yiyeceği besleyici bir içecek haline sokmayı akıl etmişti. Yani bir nevi "sıvı ekmek".

Tohumun içinde hazmı zor olan nişastalı kısım, tahıl filizlendiğinde hazmedilebilir malt şekeri (maltoz) haline dönüşür. Karbohidratların bazıları önemli miktarda B ve C vitaminlerine, daha azı da A, E ve K vitaminlerine dönüşür. Bu arada proteinler de parçalanarak temel şekilleri olan amino asit haline gelirler.

Tamam, daha besleyici hale gelirler de, antropolog Raglan herhalde erken Neolitik Çağ'da kilden kap yapma teknolojisinin insanoğlunun emrinde bulunduğunu varsayıyordu. Oysa kap olmadan bira muhafaza edilemez. Kap kaçak yapımı ise daha sonraki dönemlere tarihlenmekte. Çatalhöyük kazıları bulgularına göre İÖ 6500'den itibaren çanak çömlek

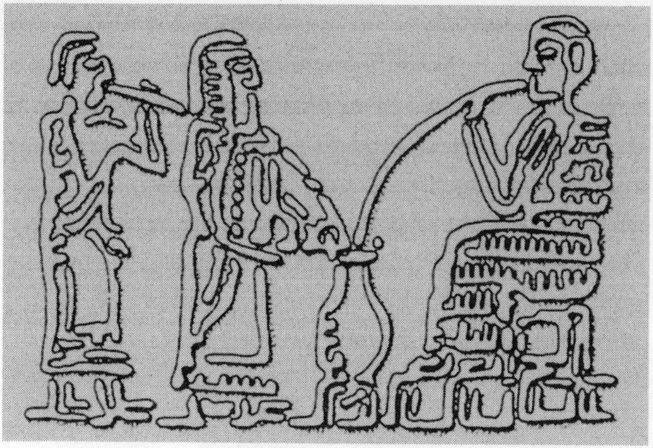

Bira içen Sümerliler

imalatı başlamış olmaktadır. O halde bira yapımının, kilden kap kacak yapımı ile aynı tarihlerde düşünülmesi gerektiği ortaya çıkıyor.

Londra'da British Museum'da bulunan, Tanrıça Ninkasi'ye yazılmış bir şiir olan "Blue Monument" denilen ve bazılarınca İÖ 6000 yılında, bazılarına göreyse İÖ 1800 yılı civarında yazıldığı düşünülen belgede Mezopotamya'da bira içildiği belirtilmektedir.

Şu anda Irak sınırları içerisinde bulunan Uruk'ta elde edilmiş olan İÖ dördüncü binin ikinci yarısına ait bir tablette İkinci Sümer Hanedanı'nın beşinci kralı olan Gılgamış'ın destanı anlatılırken Sümer topraklarında biranın çok yaygın içilen bir içki olduğu da açıklanmaktadır.

Yunan mitolojisine göre de Dionysos, Mezopotamya ve Anadolu'da, Sabazios adıyla bira tanrısıyken oradaki insanların biraya çok tutkun olmasından dolayı kavimlerin sürekli birbirleriyle dalaşmalarından bıkarak Yunanistan'a gelmiş ve şarap tanrısı olmuş. O bölge ise sonra üç peygamber gönderilmesine rağmen adam olmamış. Şu sıralarda Amerika, tek başına üç peygamberin yapamadığını yapmaya çalışıyor.

Eski Dünya'daki bira üretimini canlandıran bir model.

Sümer kayıtlarına göre yıllık tahıl üretiminin % 40'ı bira üretiminde kullanılıyordu. Bir tapınak işçisinin günlük bira istihkakı 1,2 litre iken aristokrat birinin istihkakı 4,8 litreyi buluyordu.

Tabii o tarihlerde şarap, kahve, çay, limonata, Cola filan yok. Anlaşılan sulama kanallarındaki su da içmeye uygun değil. İnsanlar içecek olarak süt ve biradan başka bir şey bilmiyor olmalı.

Tabii burada kastedilen "*ale*" tipi bira, çünkü o tarihlerde biranın içine aroma verici şerbetçiotunun da eklenmiş olmasını ve alttan mayalandırılmış olmasını düşünemeyiz. Şerbetçiotunun biraya koyulması 13. yüzyılda Bavyeralı manastır rahipleri tarafından akıl edilmiştir. Ünlü İngiliz yazar William Shakespeare, biraya şerbetçiotu katılmasından hiç hoşlanmamış ve ömrünün sonuna kadar şerbetçiotu katılmış bira içmemiştir.

Bira özel imalathanelerde üretildikten sonra pişmiş kilden yapılmış çeşitli boylardaki testi ya da küplere konurdu. Kabın ağzı yine kilden kapaklarla kapatılarak, kapağa yapım tarihi yazılıp mühürlenirdi. Bugün de pek çok ürünün üzerinde firma adıyla birlikte hazırlanma ve son kullanma tarihi yer alıyor. Bu uygulamanın bu kadar eski olduğu aklınıza gelir miydi?

Biranın Mısır kökenini gösteren bir kart.

Bira kapları özellikle "Bit Sikari" denilen içki evlerinde, içecek kişi sayısına göre seçilir, açılırdı. Biralar çeşitli kupalarla ve buğday sapından, kamıştan, sazdan ya da bakırdan yapılmış borucuklarla (bugünün içecek kamışları, pipetleri gibi) içilirdi. Bugün de Anadolu'nun bazı yörelerinde "çöplü ayran", yazın soğuk çanakta ya da metal bardakta, üzerinde bir adet buğday sapıyla getirilir.

İçilen biranın karşılığında para ödenmezdi. O günlerin parası gümüştü. Bira için gümüş değil, biranın değerinde arpa verilmesi zorunluydu. Bira için gerekli hammaddeyi, onu içenlerden tedarik etmek ne dahiyane bir buluş!

Sümer şehirlerinin kimi mahalle ve liman yerleşimlerinde, oturulup bira içilen ve söyleşilen içkievleri vardı. Bunlar zamanımızın meyhanelerine ya da birahanelerine benzerdi. Bu birahane yöneticilerinin (işlet-

mecilerinin) kadın olması kuraldı. İşletmeci kadının birahanede konuşulanları yörenin mülki amirine anlatması sorumluluğu vardı. Yani her birahane yöneticisi kadın, aynı zamanda istihbarat ajanıydı. Bu yönetim işi anadan kıza geçerdi. Limanlardaki içkievlerinin ya da birahanelerin müdavimleri gemicilerdi ama genelde bu mekânlar kadın erkek herkese açıktı. Yalnızca üst düzeydeki rahibeler buralara giremezdi.

Sümer'de birahane sahibi kadınları, adı "Ağzı dolduran, doyuran kadın" anlamına gelen Tanrı Ninkasi korurdu. Yozgat'ta hâlâ bira için "Fatma Ana'nın helvası" denmesi belki de bu yüzdendir.

Sümer'de sekiz çeşit arpa birası, sekiz çeşit de buğday birası vardı. Bunlardan başka üç çeşit de arpa-buğday karışımı birası yapılırdı.

Tabii bunların hepsi değişik kalitelerde yapılırdı. Değişik kalitelere uygunluktan imalatçıların zaman zaman saptığı anlaşılıyor ki Hammurabi (İÖ 1792-1750) kanunlarında biraya su karıştırılmaması ve fiyat narhına ilişkin maddeler bulunmakta.

1990 yılında Amerikan Anchor Bira İmalathanesi sahibi Fritz Maytag, Profesör Sol Katz'ın önayak olması ile Sümerler'in bira reçetesini uygulayarak bira yaptı. Adına da, Sümer bira tanrısının adını yani, Ninkasi koydu. Ortaya çıkan bira, portakal renginde ve tortulu görünümde, tadı da değişik ama hiç de fena değildi. San Francisco'da yapılan biracıların dernek toplantısında üyeler aynen Sümerler'in yaptığı gibi beş altı kişi bir büyük testinin başında, testiye sallandırdıkları pipetlerle içtiler.

Mezopotamya'da yanlış sulama sonucunda toprakların verimsizleşmesiyle arpa tarımı azaldı. Arpa az bulunur olunca bira yapacak arpa bulmak sorun oldu. Sümerler'in son dönemlerinde ve onlardan sonra aynı bölgede yaşayan Babilliler'de de 20 çeşit biranın yanı sıra hurma şarabının da yaygın içki haline geldiğini görmekteyiz. Bir sonraki popüler içki ise Nübye'den yayıldığı tahmin edilen darının fermentasyonuyla yapılan "boza"dır.

Babil'de İÖ 2000 yılı civarında düğünlerde geleneksel kutlama içkisi bal birasıydı. Buna "arı şarabı" denirdi. Düğünden sonra tam bir ay boyunca damadın içebileceği miktarda "arı şarabı" kayınpederi tarafından damada hediye edilirdi. Bal birasının erkeğin kudretini arttıracağına inanılırdı. Hatta Hun İmparatoru Attila'nın (406-453), yengemiz İldico ile balayının bir iki gün sonrasında fazlaca yabani ot ve baharat katılmış bal birası içtiği için başlayan ama durdurulamayan burun kanamasından öldüğü rivayet edilir. Şimdilerde vakit ve nakit azlığından bir ay değil de bir ya da en fazla iki hafta olarak nikâh sonrasında çiftlerin yaptığı "balayı" seyahati yani "bal-ayı" işte buradan geliyor. Babilliler kutlama harici zamanlarda fazla bira içerlerdi.

Babil'de, büyük kapasitede bira imal eden kuruluşların sahiplerinin devlete yaptığı baskı sonucunda normlara uymayan bira imal eden imalatçıların kendi yaptığı bira içerisinde boğulmaları cezası taşıyan bir kanun çıktı.

Mısır'da en yaygın olarak tüketilen bira "*haq*"tı. *Haq*, Nil Nehri havzasında yetişen kızıl arpadan yapılırdı. Mısırlılar arpayı filizlendirirler, kuruturlar, öğütürler, hamur haline getirip fırında yarım süre pişirirlerdi. Daha sonra bu taze az pişmiş francalaya benzeyen somunları parçalayıp sulandırılmış hurma suyuna batırır bir gün fermentasyon için beklerlerdi. Sonra ekmekler bir tülbentin içine doldurulur, tülbentin ucu dolanarak sıkılır ve çıkarılan biraya değişik oranlarda kimyon, zencefil, mersin ağacı ve bal karıştırılıp taze taze tüketilirdi. Bu yöntemle yapılan birada alkol yaklaşık % 12 oranında bulunurdu. Mısırlılar, biranın, bitki örtüsü Tanrısı Osiris'in insanlara armağan ettiği bir buluşu olduğuna inanırlardı.

Öykü, Güneş Tanrısı Ra ile ona saygıda kusur eden insanoğlunu cezalandırması için yeryüzüne gönderdiği tanrıça Sekhmet (Hathor) üstüne gelişir. Sel, salgın, savaş, katliam ve ölümden sorumlu olan tanrıça Sekhmet öç alma duygusuna kapılınca, önü alınamaz öfkesiyle tam insan soyunun kökünü kazıyacakken, Ra yumuşar ve tarlaları baskına uğratacak bollukta kırmızı renkli bira gönderir gökten. Tarlalara yayılan bira bir büyük ayna gibi ışıldar. Kendi görüntüsünün yansımasının çekiciliğine kapılan tanrıça, kanı andıran bu havuzdan içer, sarhoş olur ve sızar. Böylece korkunç misyonunu unutur. İnsanlık da kurtulur.

Mısır'da tapınakların ve piramitlerin inşaatında çalıştırılan işçi ya da kölelere inşaat boyunca gıda olarak yalnızca ekmek ve bira verilmiştir. Mısır'da en iyi bira Nil Nehri kıyısındaki ünlü Peluse şehrinde yapılırdı.

İÖ 2000 civarına tarihlenen IV. Anastasi papirüsünde şöyle yazmakta: "İçki içerek kendini kötü duruma düşürme. Çünkü ağzından çıkanları kulağın işitmeyecek. Sözcükler ağzından bilinçsiz olarak dökülecek. Bu başkalarının ağzında olmadık dedikodulara dönüşecek. Elin ayağın tutmaz olacak. Sana kimse yardım elini uzatmayacak. Biradan göbekleri şişmiş arkadaşlar ayağa kalkıp 'Atın şu sarhoşu dışarı! diyecek' "

Tabii bu uyarı anlaşılan işe yaramamış. İÖ 1350 civarında II. Ramses, artan bira ayyaşlığını önlemek için bir içki düşmanlığı derneği kurmak zorunda kalacaktır. Bizim Yeşilay'ın atası da bu olsa gerek.

Nil deltasının her yıl taşması yoluyla gelen yeni alüvyonların çevresindeki tarlaların üzerine doğal yolla besleyici mineraller getirmesi, Mezopotamya'da toprağın yorulması sonucu ortaya çıkan arpa azlığını Mısır'a yaşatmadı. Bu nedenle olsa gerek Mısır'da bira, toplumun en yaygın tüketilen içkisi vasfını hep korudu. Hatta şöyle bir atasözleri vardı: "Ağzı bira dolu olan kişi mutludur."

1996 yılında Cambridge Üniversitesi araştırmacılarından Delwen Samuel 3000 yıllık kurumuş bira kalıntılarını inceleyerek İngiltere'de ye-

Yeniden yaratılmış bir eski Mısır birası: Tutankhamun

tiştirdikleri emmer buğdayı ile Mısır birasını yapmayı başardı. 1000 şişe yapılan ve adı Tutankhamun Ale koyulan bira, Harrods mağazasında şişesi 50 sterline satıldı.

Aynı tarihlerde Güney Amerika yerlileri, mısır tanelerini ağızlarında çiğnedikten sonra bir toprak kaba tükürerek çıkarıyorlardı. Biriken çiğnenmiş mısır taneleri fermente olmaya bırakılıyor, sonunda ortaya "chicha" denilen bir mısır birası çıkıyordu. Meksika'da Aztekler'in ise o dönemde bir de bira tanrıları vardı.

Kristof Kolomb, Amerika'ya dördüncü gidişinde (1502) yerlilerin, bir avuç dolusu mısır ve bir avuç siyah kayın ağacı özünün bir sürahiye doldurularak doğal fermentasyona bırakılması yoluyla bira elde ettiklerini görür.

Çinliler de pirinç ve darıyı fermente etmek yoluyla bira yapıyorlardı.

Arkaik dönemde bira ile insanların sarhoş olup irade yoksunluğu içerisine girmeleri kötü görülmedi. Aksine, bira insanla tanrıyı buluşturan bir ilahi araç olarak görüldü "Yeter ki biranın köpüğü bol olsun, içince tanrıyı içinde hissedebilirsin" derdi Yunanlılar. Sarhoşluğun Yunancası "*enthusiasmos*" yani "ilahi sahiplik" idi. İradenin kaybolması, onların tanrı denetimine geçmesi olarak nitelendiriliyordu. Biradan sonra sulandırılmış şarap, ilahi araçlık görevini devam ettirdi.

Mısırlılar'ın ekmek ve bira sevgisi Eski Yunan'da devam edememiştir. Yunanlılar ekmek ve şarabı tercih etmişlerdir. Onları izleyen Romalılar, tarihçi Tacitus'un kaydettiğine göre birayı Germen (barbar) içkisi ilan etmişler, tanrıların içkisi olarak benimsedikleri şaraba devam etmişlerdir.

Roma İmparatoru Iulianus, İÖ 355 civarında Paris yakınlarında İngiliz birasından bir yudum aldıktan sonra yüzünü buruşturarak oturup yazdığı aşağıdaki şiiri ile tanınır:

Arpa'dan Yapılmış Şarap Hakkında

Seni acaba kim nelerden yaptı?
Baküs'e adın tanıdık gelmiyor.
O mis gibi nektar kokarken,
Senden keçi kokuları geliyor.

Tabii ben bu şiiri tekrarladığımda İngilizler çok kızıyor.

Roma İmparatorlarının hepsini bira aleyhtarı olarak tanıtırsam, "Sezar'ın hakkını Sezar"a verememiş olacağım. Çünkü İmparator Iulius Caesar, altın kupa içinde arpa suyu-şarap karışımı içermiş. Herhalde siyaseten ortayı ancak böyle bulabilmiş.

İmparator Domitianus, İtalyan şarap endüstrisini baltaladığı ve Roma İmparatorluğu'na karşı şarap gelirleriyle ayrılıkçılığı teşvik ettiği gerekçesiyle Galyalılar'ın şarap üretimi yapmalarını yasaklamıştır. Bunun üzerine Mısır'dan bu yana yaygınlığını yitirmiş olan bira, yeniden eski günlerine kavuşmuştur. Bağları, Romalılar tarafından sökülen Galyalılar bu defa arpa üretimine başlamış ve ürettikleri arpanın bir kısmıyla nefis biralar yapmayı başarmışlardır. Hatta Galyalılar'ın bira tarihine önemli bir katkıları olmuştur. O zamana kadar kil kaplarda (amforalarda) muhafaza edilen ve zorlukla nakliyesi yapılan bira, Galya buluşu olan ahşap fı-

çıya konuyor ve fıçı yalnızca bir kişi tarafından kolaylıkla yuvarlanıyordu. Galyalılar'ın bu buluşu sonraki dönemlerde güneyde şarap imalatında da kullanıldı. Galya dilinde bu fıçılara "*tonnes*" denirdi. Şimdi ağırlık ölçüsü olarak kullandığımız "ton" sözcüğünün atası işte bu tahta fıçıların adı olan *tonnes*'dur. Bir fıçı dolusu bira ya da şarabın ağırlığı, Galya dilindeki "*tun*"dan gelir.

Galyalılar imal ettikleri biraları kendileri tüketmekle kalmıyor, artanı da kuzeyde yaşayan Germen kavimlerine ve batıda, şimdiki İspanya'da yaşayan kavimlere ihraç ediyorlardı.

Galyalılar biraya "*cere visia*" diyorlardı. Sonradan "*cervisa*", "*cervoise*" ve en sonunda bugünkü İspanyolca'daki son hali olan "*cervesa*" oluyor.

Bazıları "bira"nın, etimolojik kökeninin İbranice olduğuna inanır. Onlar, biranın esas maddesi olan arpa tohumunun İbranice'de "*bre*" kökünden geldiğini ileri sürerler.

Latince'de ise "*bibere*" sözü içmek anlamına geliyor. Bir başka görüş de Sakson dilinde arpa sözünün karşılığının "*bere*" olduğudur. Bu görüşe göre bu sözcükten Almanlar "*biere*", İngilizler "*bier*", Fransızlar "*bière*" yapmış olmalılar.

Yukarıdakilerin hangisi doğru olursa olsun, ilk biranın Mezopotamya'da yapıldığı kesin. Ama ona ne "bira" diyorlardı ne de "bre". Sümerler biraya "*sikarumuzun*" diyorlardı. Bir gün bir Sümerli'yle karşılaştığınızda "Gel bira içelim" diyebilmenize yardımcı olsun diye aktarıyorum.

Hemen hemen her memlekette bira vardır. Adı az ya da çok bilinir ve okunur, nereden geldiği de. Almanya'da bira, tipik bir Germen içkisi sayılmaktadır. Hollanda'da aynı terimin kullanılmasıysa hiç de şaşırtıcı değil: "*Bier!*" Biraya eşit söylevde ya da az çok aynısını kulağa duyuran seslerde yine Batı Avrupa memleketleri başta gelir ki örneğin "*biere*" Belçika ve Fransa içlerinde, "*beer*" İngiltere'de ve Amerika'da kullanılan bir kelimedir. Yazıda tek harfi dama fırlatılmış, yerine başka bir harf gelmiş sanan bir insan, söylendiğinde, hiç de ayrı olmadığını anlayabilir. Arnavutluk'ta "*birre*", Bulgaristan'da, Yunanistan'da ve memleketimiz Türkiye'de "*bira*", İtalya'da "*birra*" denmesi de kayda değer doğrusu.

Romanyalılar biralarını "*bere*" diye adlandırırlar. "*Bior*"la İsrail'de karşılaşırız ki Avrupa'daki deyişleri andırır. Hindistan'da insan tekrar bira deyimlerine göz kırpar. Ama bu defa "*biyar*" ve "*buyar*" kelimelerini kökleştirerek. Japonlar eğer bir bardak bira lezzeti isterlerse "*biru*" derler.

Başka bir kelime kökü ise "*oel*"dir. Vikingler'in bira için kullandığı "*aul*"den gelir. "Sıvı ya da sıvıca" anlamlarını kabul edersek pek yanılmayız. Bana göre *ale* bu kelimeden türemiş olmalı. Bu "*oel*"i ise özellikle Kuzey Avrupa ülkelerinde, yani İskandinavya memleketlerinde buluruz. Ne var ki bu Kuzey memleketleri "*oel*" dediklerinde Almanlar'ı güldürürler, çünkü kelimeyi kullanış telaffuzu Almanca'da "motor yağı"nı hatırlatır ve bunu söyleyen, motor yağını içiyor diye gülmelere yol açar. Danimarka ve İsveç'in aynı anlam ve yazılışta kullandığı "*ol*" Finlandiya'da hemen değişiverir, "*olutta*" olur. İspanya ile Portekiz'de şayet bira içmek istersek (ki Güney Amerika kıtasında keza tamamen) "*cerveza*" ya da "*cerveja*"!

Cerveza ve *Cerveja* ağır bir içki etrafında pazarlama yapar, ki tarım ve tahıl Tanrıçası Ceres'e (Demeter), kucak dolusu teşekkürdür. Uzun zaman İspanya hükümranlığı altında bulunmuş Filipin ada guruplarında bu gün bile "*servesa*" kelimesine rastlamak mümkündür. Slav halkı birayı daha başka kelimelerle dile getirir. Pilsen birasının ana memleketi olan Çekoslavakya'da, Polonya ve Rusya'da "*pivo*" dersek biramızı hemen elde edebiliriz. Litvanya dilindeki "*pyvas*" da *pivo* kelimesine benzemektedir.

Bira için kullanılan en yabancı ve kulağa yanlış çarpan kelime "*sor*" ile Macar dilindedir. Çinliler biraya "*mai chiu*" derler. Anlamı ise "tahıldan içki"dir ve aynı anlamı Zulu'da, "*ubhiya*" kelimesini kullanmakla belirtirler.

Adamın biri ay başında bir bara gitmiş. Bir bira içmiş ve fiyatını sormuş... Barmen 26 bin lira demiş. Adam ceplerini karıştırmış. 26 tane bozuk bin lira çıkartmış üst üste koymuş... Tam barmen alacakken en alttakine "Tak!" bir vurmuş bütün bozukluklar dağılmış, oraya buraya saçılmış. Barmen söylenmeye başlamış. Adam çekip gitmiş. Neyse ertesi gün de aynı olaylar. Yine "Tak!" Barmen "ben bunun bir gün hakkından geleceğim" demiş. Ay sonunda adam yine bara gelmiş, birasını içmiş, bakmış cebinde yeteri kadar bozuk yok... Bütün 50 bin lira vermiş, Barmen içinden gülmeye başlamış...

Neyse... Barmen bozuk 24 bin lira koymuş adam tam alacakken "Tak!" Barmen başlamış gülmeye.. Adam hiç bozulmadan üstüne iki bin lira koymuş, "bir bira daha lütfen" demiş.

avrupa'da bira

"Bir bardak bira ve güvenlik
için bütün şanımı verirdim"
William Shakespeare

Avrupa'ya çay, kahve ve çikolata (kakao) girinceye kadar Avrupalılar susuzluklarını su, bira, süt ya da şarapla gidermekteydi.

Alpler'in güneyinde sulandırılarak içilen şarap, kuzeyindeyse bira pazara hâkimdi. Tifo ve kolera gibi salgın hastalıkların Avrupa'yı kasıp kavurduğu dönemlerde her ikisi de insanlara "güvenli günlük sıvı" oldular.

Su ise tarih boyunca "temizliğine güvenilemeyen sıvı" damgasından kurtulamamıştır. Biranın ve şarabın susuzluğu gidermekten başka da görevleri vardı. O zamanlar karbonhidrat ve yağı fazla olan gıdalarla beslenildiğinden ağızdaki lokmaları sıvı yardımıyla boğazdan aşağı yuvarlamak ihtiyacı doğuyordu. Bira ve şarap bunları "*wash down*" yapıyor, yani sıvı yardımıyla süpürüyordu. Son olarak da içerdiği alkol nedeniyle mikropsuz sıvı olma garantisini taşıyorlardı.

Ortaçağ boyunca Alpler'in kuzeyinde yer alan Avrupa topraklarında bal bulunan yerlerde yapılan bal şarabını saymazsak hep bira tüketildi.

Bira evlerde, malikânelerde ve manastırlarda yapılırdı. Belki de şu anda Çekler'in, Polonyalılar'ın, Almanlar'ın, Hollandalılar'ın ve İngilizler'in "çok içkici" diye adlarının çıkmış olması boğazdan lokmayı yuvarlamak için bir kaç yudum masum bira ihtiyacının, hoş gelerek galonlarla tüketilir hale gelmesinde aranmalıdır.

12. yüzyılda Venedikliler'in Avrupa baharat ticaretini tamamen ele geçirmelerinden hemen sonra Alman Birliği hemen harekete geçer ve onlar da Avrupa'nın tahıl ticaretini ele geçirirler. Bunun sonucunda 13. yüzyılda Avrupa'da tahıl bolluğu yaşanır. Baltık ülkelerinden o kadar çok tahıl gelmektedir ki kuzey ülkeleri bu tahılın bir kısmını rahatlıkla bira yapmaya ayırabilmektedir. 1295 yılında Bohemya Dükü Wenceslas, Papa'yı Bohemya dışında bira yapılmasını yasaklayan bir karar çıkartmaya ikna eder. Alman Birliği'nin tahılı bu kadar bollaştırarak ucuzlatması bir sonraki dönemden başlayarak İtalya ve Fransa'yı ani bir kararla tahıl arazilerini bağ yapmak için asma kütüğü arayışına çıkmaya zorlayacaktır.

Biracılık, şaraba kıyasla biradan daha az korktuklarını düşünen keşişlerin boğazlarına düşkünlükleri nedeniyle gelişecektir. Çevresinde tarlaları olan her manastır, yanında bira imalathanesini kurdu. O zamanın Belçikalı keşişi, bira kralı (*rex cerevisa*) Jean Primus (Gambrinus), yalnızca günde içebildiği on yedi kupa ile değil "mükemmel ve yaratıcı biracı" üstün niteliğiyle de ün kazandı. Diğerleri, bu nedenle onu aziz diye adlandırdılar: Aziz Gambrinus şöyle dedi: "Bira olsun! Ve bira oldu!" Bu deyiş Belçika ve Almanya'da sayısız birahane duvarında asılı bulunmaktadır.

1516 yılında Bavyera Dükü VI. William ilk bira kanununu yaptı. Almanya, dünya üzerinde bira üretimiyle ilgili anayasası olan tek ülkedir.

1516 yılından bu yana uygulanan saflık yasası "*Reinheitsgebot*", bira üretiminde su, arpa, şerbetçiotu ve mayadan başka hiçbir hammadde kullanılamayacağını öngördü. Almanya 2003 yılı boyunca yaklaşık beş yüzyıllık bira kanununun bazı kısımlarını Avrupa Topluluğu normlarına nasıl uyduracağını tartışmakla ve formül arayışıyla meşgul oldu. Çünkü Avrupa Topluluğu, *Reinheitsgebot*'un bazı bölümlerine itirazını sürdürüyor. Yunanistan'ın Retsina şarabı, bizim kokoreç konusu gibi bir konu bu.

1551'de Johann Brettschneider (Placotomus), "Bazıları yemekten çok bu içkiyle besleniyorlar" diye yazar. Ayyaşları kastetmediğini açıklamak için de ekler: "Kadın, erkek, yaşlı, genç, sağlıklı ya da hasta kişiler biraya ihtiyaç duyuyorlar."

On beşinci yüzyılın sonlarına gelindiğinde Frankfurt dolaylarında kurulup harıl harıl çalışan biracılar loncasında kadınların çoğunlukta olduğunu görüyoruz. O dönemde erkeğin bira içmesine bir şey denmediğini ama bira yapımına erkekler karışmaya kalktığında kızılca kıyametin koptuğunu öğreniyoruz. Biranın yapıldığı yer genellikle evler, satıldığı yer de, evin önüne koyulan bir fıçı ya da evin yanına açılan küçük bir dükkândı. Dükkânı işletmek aynen 5-6 binyıl öncesinde Sümer'de olduğu gibi kadının sorumluluğundaydı.

Yine tarihi belgelerden öğrendiğimize göre 19. yüzyıl ortasına kadar evlenecek bir genç kızın çeyizinin en değerli kısmı bira imalatı için kullanılan aletlerdi. Yani biracılık anadan kızına geçen bir zanaattı. Örneğin, Norveç'te düğün günü sabahından başlayıp kocadan gerdek çağrısı gelene, yani gece yarısına kadar, yeni gelinlerin bütün aileye bira servisi yapmaları şarttı. Tıpkı, bizde görücüye çıkan gelinlik yaştaki genç kızların kahve yapıp ikram etmesi gibi. Böyle olunca, biracılık da, anneden kıza geçen bir "ince zanaat" oluyor ister istemez.

Ortaçağ boyunca bira manastırlarda da yapılageldi. Yapılan ayinlerin "huşu vericisi" olarak değerlendirildi. Manastırlara gelir sağladı. O zamandan kalan formüllerle Belçika ve Hollanda'da bugün üretilen Trappist biraları buna örnektir.

17. yüzyılın ikinci yarısında bir İngiliz ailesi ortalama kişi başına günde yaklaşık üç litre bira tüketmektedir. Ortaçağ boyunca biranın evlerde kadınlar tarafından ekmek pişirir, hayvan keser gibi günlük işleri arasında üretilmiş olduğunu bilmekte yarar var. Bu durum bira fabrikaları devreye girdiğinde de yine devam edecektir. Belki de bira üretilen yerlere üretim kapasitesi ne kadar çok olursa olsun "fabrika" değil de "*brasserie*" ya da "*brewery*" yani birahane denmesinin nedeni budur. Oysa aynı kapasitedeki bir meşrubat imalatı yapılan yere "meşrubat fabrikası" denmesi normal karşılanmaktadır.

Pub sözcüğü İngilizce "*public house*"ın kısaltılmışıdır. İngilizce "*public*" halk, toplum demektir. Halk evi, toplum evi oluyor *pub*. Yani bizim birahane dediğimiz yerlere İngilizler *pub* diyor. Halkın her kesimine cevap verir *pub*'lar. Kadın, erkek herkes gidebilir *pub*'lara. *Pub*'larda satılan başlıca içki hep bira olmuştur. Her *pub*'da birkaç tür ve çeşitte çekme bira bulunur. *Pub*'ların yatak verenlerine ise *Inn* deniyor.

Bira, 17. yüzyılda ve 18. yüzyılda, patates Avrupa'nın beslenme kültürüne girinceye kadar, o kadar tüketilmekteydi ki, örneğin sabah kahvaltısı yalnızca bira çorbasından ibaretti.

Siz de deneyebilirsiniz.

BİRA ÇORBASI

Küçük bir tencerede bir litre bira ısıtılır, bir başka kaba dört yumurta kırılır, 50 gr yağ eklenir. Bu karışıma oda sıcaklığında bir su bardağı bira eklenerek iyice çırpılır. Sonra sıcak bira yavaş yavaş çırpılmış karışıma dökülür ve karıştırmaya devam edilir. Biraz tuz konur ve topaklaşmaması için karıştırmaya biraz daha devam edilir. Son olarak çorba, sütlü ekmek ya da francala ekmeğiyle birlikte servise sunulur.

Bira 19. yüzyıla kadar Avrupa ordularının vazgeçilmez gıda maddelerinden biridir. Wallenstein'in 1632 tarihli talimatnamesine göre bir askerin günlük tayını bir kilo ekmek, yarım kilo et ve iki litre biradır.

1800 ile 1823 yılları arasında İngiliz devleti, silahlı kuvvetlerin bütün mensuplarına günde 1 *penny* bira parası (*beer-money*) veriyordu.

Kadınların evde bira yapmaktakı başrolu, sokağa uygulandığında, kadınların birahanelerin işletmecisi olmalarına da yol açmıştır. Örneğin İngiltere'de "*Ale Wives*", yani bira kadınları.

Üstten mayalama yoluyla yapılan biraların uygun fermentasyonu için serinlik gerekmekteydi. Bavyera'da yaz aylarında üretilen biraların fermentasyonunda büyük miktarlar bozuk çıkmaktaydı. Kayıp, 1530 civarında o kadar fazlalaştı ki Prens I. Maxmillian, 1533 yılında 23 Nisan ile 29 Eylül arasındaki yaz döneminde bira imalatını özel izne bağlamak mecburiyetinde kaldı. Bunun üzerine Bavyeralı rahipler, ilkbahar imalatı biralarını yaz süresince serin mahzenlere yerleştirdiler. Bu bekletme biçimi sonucunda bazı mayalar karakter değiştirdi. Fıçının üstünde yüzerek fermentasyonu devam ettirmek yerine, şişerek fıçının altına indiler. Alta in-

diklerinde fermentasyon çok yavaşlıyordu. Böyle alttan fermente edilen biraların, üstten mayalananlara göre daha uzun süre stoklanabildikleri keşfedildi.

İşte bu buluşa kadar yalnızca üstten mayalama ile "*ale*" olarak bilinen bira, alttan mayalandığında "*lager*" oluyordu. *Lager*, Almanca'da "bekletmek, istiflemek" anlamındaydı.

Sonra 1836'da Gabriel Sedlmayr, Münih'teki Späten Bira İmalathanesindeki deneylerinde *lager* birasını daha standart hale getirdi. Ne var ki bu yeni bira da *ale* gibi koyu kahve-kızıl kehribar rengindeydi.

1838'de, o sırada Bohemya'nın (şimdi Çek Cumhuriyeti) bir şehri olan Plzen'de yeni bir bira fabrikası kuruldu. 1842'de işte bu fabrikada Josef Groll ilk defa altın sarısı renkteki birayı imal etmeyi başardı. Bazıları bu buluşun rastlantı sonucu olduğuna inanır. İster rastlantı ister araştırma sonucu olsun, yeni bira çok tutuldu.

Plzen, aynı zamanda camcılıkta ileri gitmiş bir şehirdi. Bira, o zamana kadar metal, ahşap ya da seramikten yapılma bardaklarda içilirdi. Biranın rengi altın sarısı ve son derece berrak olunca, bira cam bardakta servis yapılarak içenin göz zevkine de hitap etti.

Plzen'i, Almanlar *Pilsen* diye telaffuz ediyorlardı. Onun için bu yeni açık renk berrak biranın adı *pilsen* birası olarak bilindi ve ağabeyi *ale*'den daha süratle yayıldı.

Bu teknik Bavyera Pilsen'den Kopenhag / Danimarka'ya ulaştı. Da-

nimarka'dan da bütün dünyaya yayıldı. "*Pilsner lager*" artık modern bira stili olarak dünyada başı çeker hale geldi. Yalnızca İngiltere, Belçika ve ABD üstten mayalama tekniğini devam ettirmekteler.

Derler ki dünyada buz imalatı ve sonrasında, soğutma grupları teknolojisinin gelişmesini bira sanayine borçluyuz. Çünkü biranın mayalanması ve sonrasında bekletilmesinde yaz aylarında çok fazla miktarda buz gerekirdi. Şimdi ise *blast chiller*'le soğutma yapılmakta.

Bira, Almanya'da toplumsal hayatın o kadar parçası olmuştur ki Adolf Hitler'in 8-9 Kasım 1923 gecesi Weimar Cumhuriyeti'ne karşı bir ayaklanma başlatma girişimi Almanya tarihine "Birahane Darbesi" olarak geçmiştir.

Hitler ve Küçük Nazi Partisi'nin Münih'te bir birahanede düzenlediği toplantıda alınan kararla başlattığı ayaklanmanın başarısızlığı Hitler'e ün kazandırırken, iktidarı darbe yoluyla değil de yasal düzen içerisinde ele geçirmeye karar vermesine de yol açtı.

Bugün Almanya'da 1300'den fazla bira fabrikası ve beş binden fazla değişik bira markası bulunmaktadır.

Oktoberfest

Almanya'nın en ünlü bira festivali olan Oktoberfest'in tarihi bir düğün şenliğiyle başlar. 12 Ekim 1810'da Bavyera veliahtı Prens Ludwig, Sachsen-Hildburghausenli Theresa'yla evlendi. Hanedan üyeleri ve hükümetin ileri gelen şahsiyetleri bu evliliği popülizm vesilesi olarak kullandılar ve halk için bir at yarışı düzenlediler. Kendileri yarış süresince yediler, bira içtiler ama halk aç ve susuz yarışı seyretmek zorunda bırakıldı. Tabii ki bu olaydan halk hiç zevk almadı. Millet yarışların sonuna kadar açlık ve susuzluktan çirozlaşırken, hanedan mensupları hapur hupur önündekileri götürüyorlardı.

Anlaşılan onlar Hz. Muhammed'in şu sözünü bilmiyorlardı:

> *Sofraların en kötüsü, zenginlerin çağrılıp açların çağrılmadığı düğün sofralarıdır.*

Her yıl aynı tarihte tekrarlanan bu at yarışları halk için bir eğlence değil zulüm oldu. 1815 yılında ilk kez, yarışları izleyen halka bira dağıtıldı ve o yıldan beri Oktoberfest bir gelenek oldu.

2000 yılında 166. yılını dolduran "Oktoberfest"te (Münih'in Ekim Bayramı) 19 Eylül'den 4 Ekim'e kadar yaklaşık beş milyon *mass* (1 litrelik bira bardağı) bira içiliyor. Oktoberfest'in ilk günü öğle vakti saat 12'yi vurduğunda Münih Belediye Başkanı, ilk fıçının musluğunu takıp bardağına musluktan çekme birayı doldurur ve festival böylece başlar. Festival, Eylül

sonunda bir Cumartesi günü başlar, 16 gün sonra Ekim'in ilk Pazar günü sona erer. Örneğin 2003 yılı Oktoberfest'i 20 Eylül - 05 Ekim arasında yapılmıştır. Çayırlık ve çimenlik anlamındaki bu dünyaca meşhur bayram sahasına "*Wiese*" denir. Burada içilen biraya ise kısaca *Wies'n-Bier*, yani "Çayırda Bira" derler.

Çayırlıkta içilen biraların yanı sıra en çok yenen şeyler tavuk, balık, sosis ve kaşar peyniridir. Özellikle kırmızı, beyaz ve dolgun turplar da gözdedir.

Oktoberfest'te tüketilen bira ortalama beş milyon litre ise yenen tavuk adedi de yarım milyon civarındadır.

Oktoberfest süresince Münih'te yalnızca beş bira fabrikası satış yapmaya yetkilidir: Augustiner Bräu, Hofbräu, Löwenbräu, Paulener ve Späten.

Münihliler çok üzgün, çünkü yüzyıllardır haklı gururları olan ıkı bıra şirketini 2003 yılında yabancılara kaptırdılar. Löwenbräu, Belçika'lı Interbrew tarafından satın alındı. Paulener'e de 2002'de Hollanda'nın Heineken şirketi % 50 ortak olmuştu.

Oktoberfest boyunca bu beş fabrika önceden hazırlayıp beklettikleri özel festival biralarını satarlar. Bu özel biranın şerbetçiotu, maltı ve alkolü daha fazladır. İlk kez 1836'de Gabriel Sedlmayr tarafından formüle edilmiştir. Şişede ya da kutuda bira satmak yasaktır. Biralar mutlaka fıçıdan çekme olmalı ve yine mutlaka bir litrelik kulplu bira bardaklarında (*mass*) içilmelidir.

Oktoberfest süresince Münih'teki Platzl'da bulunan Hofbräuhaus Birahanesi günün her saati dolup dolup taşar. Bu birahane "Biracıların Panteon'u" olarak bilinir. Üç katlı bir binanın tamamında faaliyet gösteren Hofbräuhaus, her katında 4500 kişi ağırlar. Yani üç katta yaklaşık 14 bin kişi. Neredeyse bir çatı altında bir kasaba nüfusu yer alıyor. En iyi bira ve viski yazarı olarak ünlenen Michael Jackson (Şarkıcı Michael Jackson ile yalnızca isim benzerliği var) Hofbräuhaus'da en uygun bira içme zamanının öğleden biraz evvel ve mutlaka iki *Weisswurst*, *Bratwurst* sosisi ile birlikte olmasını şart koşuyor ki mide dengesini bulsun.

Münih'te birahanelerin kadın garsonları ellerinde, litrelik kulplu bira dolu bardaklardan çok sayıda taşıyabilmeleriyle öğünürler. Bu konudaki "Dünya Rekoru"nu da 37 yaşındaki Münih'li kadın garson Franziska Mejrowski kırdı. "*Masskrug*" adını verdiğimiz bir litrelik bira bardaklarını

ve içerisindeki biraları taşıyordu bu hanımefendi (*Masskrug*'lar özellikle pişmiş topraktan yapılır, ayrıca cam olanları da vardır. Almanya'nın bilhassa Bavyera eyaletinde hüküm süren bu ölçü aletleri çoğu zaman bir litreliktir). Garson kadının elinde tam dolmuş 15 birer litrelik bardak vardı. Sol elinde sekiz ve sağ elinde yedi. Yaklaşık 35 kilo ağırlıkla masalar etrafında üç kere dönüyordu. Franzi'nin (90 kilo ağırlık, 1.70 boy) iddiasına göre müşteri çok olursa çoğu zaman 12 bardak bile taşıyor. Şüphesiz, 15 bardağın taşınması büyük yorgunluktur. İşe ilk başlangıçta bir kadının taşıma gücü yalnızca altı bardaktır. Tam kapasitede yalnızca sekiz bardak. Kim 10 bardak taşıyabilirse, bir deyimle "Yüksek-Bira-Transport-Kadın" olarak nitelendirilir ki, o da kendisini Münih'in meşhur Ekim Bayramı'nda sergiler. Son zamana kadar eski dünya rekorunu elinde tutan garson kadın, 12 *mass* taşımıştı, üstelik bu ağırlıklarla merdivenleri de inebilmişti. Ne var ki merdiven inişi, yere yuvarlanmaktan da kurtulamamıştı.

Adama bir ufak fıçı birayı içerse para vermeyi vadettiler. Adam düşündü... On dakika izin istedi, yerinden kalktı ve dışarı çıktı. On dakika sonra döndü ve teklifi kabul etti. Bir fıçı birayı getirdiler. Adam çömeldi ve içmeye başladı. Biraz sonra fıçı boşalmıştı. Parayı cebine koyarken teklifi neden hemen kabul etmeyip süre istemiş olduğunu sordular. Adam güldü ve şöyle cevap verdi: "Dışarıda bir fıçı su içip bir deneme yaptım da."

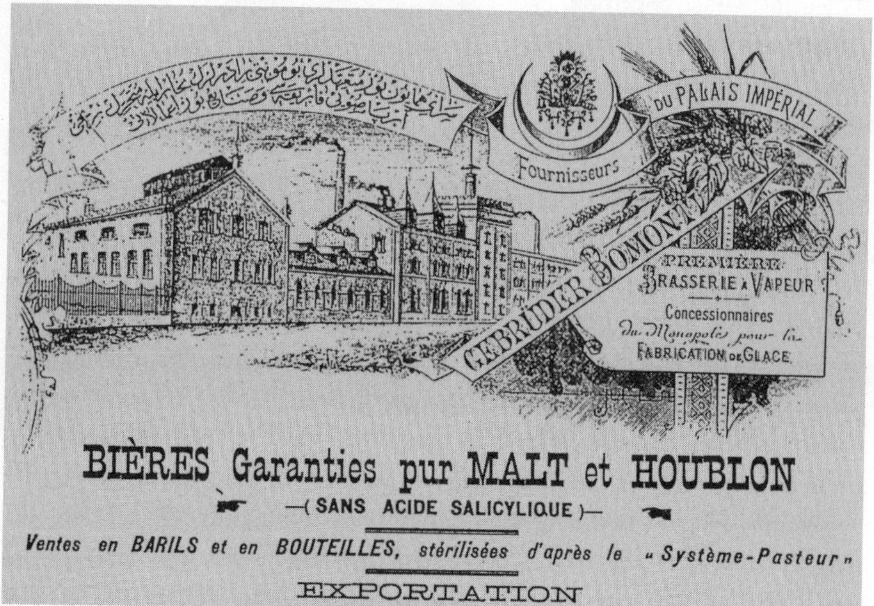

Bomonti Biraderler'in buhar gücüyle çalışan arpa suyu fabrikaları ile buz imalathanelerinin ilanı. Üstte, Osmanlı arması.

türkiye'de bira

"Bir biranız ve hava yolu şirketiniz yoksa gerçek bir ülke olamazsınız. Bir futbol takımı ya da nükleer silah da yardımcı olur ama en azından bir biranız olmalı."

Frank Zappa

Bir de biracılığın bizdeki tarihine bakalım isterseniz...

Kaşgarlı Mahmud'un verdiği bilgiye göre Türkler, Orta Asya'dayken "ağartgu" adını verdikleri buğdaydan yapılan bir içki, yani bir çeşit buğday birası içmekteydiler.

Eski Anadolu uygarlıklarını ve Orta Asya'daki kısıtlı deneyimlerimizi bir yana bırakırsanız, biracılığın öyle aman aman bir geçmişi yok bizde. Ne Osmanlı'da ne de Cumhuriyet'te. Tarihçilerin kaydettiklerine göre, Osmanlı döneminde gedikli meyhaneciler ve akşamcılar, rakı içenlere "muhabbetkâr ve takdirkâr", biracılara, şarapçılara da aşağılayıcı gözle bakarlardı. Ama iş yasağa, vergiye gelince, tıpkı şarap ve rakı gibi, bira da "alkollü içki" sınıfına alınıp yasaklardan, vergilerden nasibini fazlasıyla alırdı.

Hititler'den sonra "ölü döneme" girmiş görünen biracılık bizde ne zaman tekrar başladı? Bira üretimini kimler, nerede yapardı?

Hans Dernchwam 1553-1555 yıllarında İstanbul'u ziyareti sırasında şunları anlatır:

"Çok sayıda Türk neşelenmek ve sarhoş olmak için yabani kereviz

Beyoğlu'nda Janni Birahanesi

yapraklarından elde edilen yeşil bir tozu içkinin içine katıyor. Buna 'assar' yani haramlık diyorlar.

Türkler Macaristan'da Erdel'de ve Zekkeland'da olduğu gibi boza da yapıyorlar. Bu içki darıdan yapılıyor. Berbat bir şey. Litvanyalılar'ın ve Ruslar'ın yaptıkları gibi bal birası yapmıyorlar, dışarıdan da almıyorlar. Ama canları isterse suyun içine bal koyuyor, şerbet yapıp içiyorlar... İmbikten geçmiş konyağa benzer içkiyi diğer içkilere tercih ederek, kadınlar da erkekler de bol bol içiyorlar. Bu içkiyi Rusya'dan ya da Polonya'dan getiriyorlar (Votka?). Bira ya da bal şarabı kaynatılarak yapılıyor."

Ülkemizde bira üretimiyle ilgili en eski belge efemera koleksiyoncusu Mert Sandalcı tarafından bulunmuş olan, İzmir Prokopp Birahanesi'nin kuruluş tarihini 1846 olarak gösteren seramik bir bira şişesidir.

İkinci belge de Şişli'deki Cosmas Birahanesi'ne ait bir jetondur. Bu

İzmir Kokaryalı'da (bugün Güzelyalı) bir birahane.

jetonda Cosmas Birahanesi'nin kuruluş tarihi 1850 olarak belirtilmiştir.

Üçüncü belge ise 1862 yılı vergi mevzuatında rastlanan bir maddedir. Bu maddeye göre arpa suyundan % 20 zayiat bedeli düşüldükten sonra yıllık rayiç bedel üzerinden % 10-15 vergi alınmaktadır.

Biranın Türkiye'de tüketilmesinin yaygınlaşmasını belki de 1870 civarında İttihat Terakki'nin Fransız-İngiliz Paktı'ndan ayrılıp Almanya'yla yakınlaşmaya başlaması, sonunda da Osmanlı'nın Almanya'nın yanında yer alma kararı dolayısıyla askeri birliğin yanı sıra oluşan kültürel etkileşmeye bağlayabilirsiniz.

1888 yılına geldiğimizde İstanbul'da Bruder (Alman biraları), Lorentzaki, Markel (İtalyan biraları), Nikolaidis (Viyana biraları), Steindler (Graz biraları), Scherrer ve J. B. Adelshoffen biraları depoları bulunmakta. Anlaşılan bunlar biraları ithal edip depodan dağıtmaktalar.

Moda Iskele Gazinosu'nun (Kafe-Lokanta-Birahane) 5 Mayıs 1921'de
Peyam-ı Sabah'*ta çıkmış bir ilanı*

1894 yılına geldiğimizde yukarıdaki depolardan yalnızca Scherrer kalmış. O da Zincirlikuyu'da üretime başlamış.

Bomonti Biraderler, sarayın buz müteahhidi olarak devlet kademelerine yakın ilişkileri dolayısıyla 1888 yılında "Buhar ile müteharrik Birinci Arpa Suyu Fabrikası" kurmak ve "sanayi buzu imalatı" yapmak için ruhsat alırlar. 1890 yılında fabrikayı Feriköy'de açarlar. 1902 yılına kadar orada imalat yapılır. 1902 yılında o fabrika kapatılır ve Bomonti'de Silahşör Caddesi'ne açılan Birahane Sokağı'ndaki şimdiki yerine taşındı. Bomonti Bira Fabrikası 1991 yılında kapatıldı. Şimdi fabrikanın bir bölümünü Tekel ardiye olarak kullanmakta, bir bölümünde de Mimar Sinan Üniversitesi faaliyette.

Bakın 1895 yılı Aralık ayında *İkdam* gazetesinde yayımlanmış olan ilanda ne yazıyor:

Selänik'te Olimpos
Bira Fabrikası
Alkolsüz Değil, Herhalde

1894 senesinde Viyana, ve Venedik umumî sergilerinde altın ve gümüş madalyalar ile nişâne-i iftihara nail olmuştur. Memâlik-i Osmaniyyenin en büyük bira fabrikası olup son ihtirââta muvafık bir tarzda vücûda getirilmiştir. Çıkarılan bira Mobh (?) biralarının aynıdır.

Galata'da Botel civarında suret-i mahsusada tedarik edilen buzlu depozitosunda fıçı ve şişe ile gayet ehven olarak satılmakta olduğu gibi suret-i müteferrikada olarak:

Beyoğlunda tepebaşı bahçesi karşısında Şânzelize Birahanesi'nde dört yol ağzında Dimitro Foplo biraderlerin ve Galatasaray civarında Papi'nin bakkaliye mağazalarında ve meşhur şekerci Mösyö Löbon'un dükkânında, İstanbul'da Düyûn-ı umumiyye Dairesi [Şimdiki Cağaloğlu'ndaki İstanbul Erkek Lisesi binası] *karşısında Şark Birahanesi'nde ve mahall-i sâirede sarf ve füruht olunur...*

(10 Kânun-ı evvel 1895)

1910 yılına gelindiğinde Bomonti Bira Fabrikası'nın gücüne dayanamayan küçük imalathanelerin hepsinin kapandığını görüyoruz.

1909 yılında Büyükdere Nektar Bira Fabrikası bir süre Bomonti ile rekabet yapmış olsa da 1912 yılında iki şirket birleşip Bomonti-Nektar Birleşik Bira Fabrikaları adını alır ve İstanbul'da bira tekeli kurulmuş olur.

Bomonti-Nektar aynı yıl Aydın'da bir fabrika açar. Aydın Fabrikası 17 yıl faaliyette kaldıktan sonra 1928'de kapanmıştır.

1926 yılında devlet içki tekeli kurunca, şirketin fabrikaları Tekel'e bırakılıyor. Tekel de fabrikanın yönetimini Polonyalılar'a veriyor. Bu Polonya firması sözleşmedeki yükümlülüklerini yerine getiremeyince dağılıyor. Fabrika kapanıyor. 1928 yılında Bomonti-Nektar Anonim Şirketi adıyla yeniden faaliyete başlayan fabrika 1938 yılında tümüyle Tekel'e devrediliyor.

1928-1938 arasındaki dönemde İstanbul'da acenteler aracılığıyla,

ithalatı yapılan biralar da satılabiliyordu. Örneğin: Brasserie Olimpos.

1933'te Bomonti Bira Fabrikası'nın yalnızca Şubat ve Mart aylarında imalatını yapıp satışa sunduğu Doppel adlı biranın şişesi 37,5 kuruşa satılıyordu.

1943'te 6,2 milyon ton olan bira tüketimi 1952'de 11,6 milyon tona çıkmış, 1953'te 13,5 milyon ton civarı satış olmuştu.

1950'li yıllarda biranın en önemli ismi Nuri Oğlakçıoğlu idi. Oğlakçıoğlu, biranın İstanbul tek dağıtıcısıydı. Bira tüketimini artırmak için çeşitli özel geceler ve promosyonlar düzenliyordu. Oğlakçıoğlu'nun kayıtlarına göre en büyük sevkiyat Mina Dedeka'nın işlettiği Bomonti Bira Bahçesi'ne yapılıyordu.

1933 yılında inşaatına başlanan, Ankara'da Atatürk Orman Çiftliği arazisine kurulan bira fabrikası 1934'te üretime başlıyor ve 1939'da Tekel'e devredilinceye kadar ülkenin ikinci büyük bira fabrikası olarak çalışıyor.

Ankara Bira Fabrikası'nın yıllık üretim kapasitesi 1,5 milyon litreydi. Gazi Orman Çiftliğinde yer alan bu fabrikayı Bomonti-Nektar Şirketi işletiyordu. Üretilen bira "Ankara Birası" adı altında satılıyordu. Biranın yanı sıra soda, gazoz ve buz üretimi de yapılmaktaydı.

Normal, siyah, salon ve salvator birası olmak üzere dört çeşit bira üretilmekteydi. Ankara'da siyah bira imalatı olmasına rağmen İstanbul'da siyah bira imalatı yoktu. Daha sonraları başladı. 1939'da Ankara bira fabrikasının işletmesi Bomonti-Nektar'dan alındı. Tekel kendisi işletmeye başladı. 1950 civarında "Lüks Bira" adı altında yeni bir üretim de yapıldı. 1994 sonunda bu fabrikadaki bira imalatı durduruldu.

İşin içine biraz siyaset, biraz dedikodu katmak gibi olacak ama başkent Ankara'nın ilk bira fabrikası olan Gazi Orman Çiftliği bira fabrikasının da ilginç bir öyküsü var.

Dönemin cumhurbaşkanı Atatürk ile dönemin başbakanı İsmet İnonu arasına kara kedi sokanın o fabrika olduğu söylenir. Anlatılanlar şöyle:

İzmir Fuarı için yapılmış bir bira broşürü. İçinde 11 yemek, 23 çerez, 10 sos tarifi var.

Atatürk'ün sık yaptığı işlerden biri Çankaya Köşkü'nden çıkıp başkent Ankara'nın dört bir yanını gezmek, küçük molalar vererek halkın isteklerini, düşüncelerini, sıkıntılarını öğrenmek, onlara anında çözüm getirmekti. 1930'lu yılların bir başka özelliği de Türkiye'nin "devletçilik" denemesini başlatması, onun ayrılmaz parçası olarak da iktisadi kalkınmanın beş yıllık planlarla, onların birer yıllık uygulama programlarına bağlanması, sanayi yatırımlarının kesinlikle bu planlara, programlara göre yapılmasıydı.

Gazi Orman Çiftliği'ne yaptığı bir gezinti sırasında, yaz sıcağının

Masalarda Tekel biraları.

etkisiyle bir bardak soğuk bira istetmişti Atatürk... Bulunamayınca da, yakın çevresindekilere dönüp, "Burası Türkiye'nin başkenti, burası Ankara... Kurak, çorak, yeşilliksiz bir yer.. Şimdi şurada bir bira fabrikası olsaydı fena mı olurdu?" demişti.

Atatürk'ün yakın çevresindekilerle İsmet Paşa'nın arası pek bir limoniydi o tarihlerde. Atatürk'ün her temennisini "emir" olarak iletirlerdi devlet bürokrasisine.

Bu konuşmanın üstünden bir ay ya geçmiş ya geçmemişti ki, İsmet Paşa da Gazi Orman Çiftliği civarına bir araba gezintisi yaptı. Ne görsün? Beş yıllık planda öngörülmeyen bir inşaat yükseliyor tren istasyonunun yanında... "Bu inşaat neyin nesi?" diye öfkeyle sorup Atatürk'ün emriyle bira fabrikası inşa edildiğini öğrendikten sonra, daha da öfkeyle Çankaya Köşkü'ne vardığı, elini yemek masasına vurup "Bu memleket içki sofrasından yönetilmez" diye sesini yükselttiği, sonra da başbakanlık görevinden sağlık nedenleriyle ayrıldığı anlatılır İsmet Paşa'nın...

1952'de Ankara'daki Çiftlik Birahanesinde bira içenler.

Ama doğru ama yanlış, biranın yakın siyasi tarihimizdeki yeri konusunda bazı ipuçları veriyor bu hikâye.

Hatta Atatürk'ün Ankara fabrikası imalatı birayı içmeye başladığını duyan Ziya Gökalp, Kızıl Elma adlı şiirine aşağıdaki taşlamayı koymayı ihmal etmez:

Ata'nın içkisi köpüklü kımız,
Arpa suyu içme, dedi bir Kırgız.

1952 yılında Türkiye'de 18,6 milyon litre bira satıldı. İstanbul'da tek tip olan bira 1951 yılında 50 cl'lik şişesi, 35 kuruş şişe depozitosu dahil olmak üzere 75 kuruşa satılmaktaydı. Ankara'da imal edilen biraların 1952 yılındaki fiyatları şöyleydi:

50 cl'lik Salon birası 100 kuruş
50 cl'lik Pilsner bira 100 kuruş.

Bu fiyatların 38 kuruşu şişe depozito parasıydı ve fiyata milli savunma vergisi de dahildi.

Tekel'in bira piyasasındaki varlığı etkin olarak 1970'li yıllara kadar devam etmiştir. Özel sektör 1969 yılında bira üretimine başlayınca özellikle Tekel pazar payını 1980'li yıllardan başlayarak daha hızlı kaybetmeye başlamıştır.

1972 yılında Tekel, Altınbaşak adıyla yeni bir bira çıkartarak bir hamle yapmak istemişse de başarılı olamamış, Bomonti Bira Fabrikası kapatılmış, 1994 yılında da Ankara Bira Fabrikasında üretime son verilmiştir. Bugün Tekel yalnızca Yozgat fabrikasında kısıtlı bir miktar bira üretmektedir.

2003 yılı itibariyle Türkiye'de üretilen biraların tamamı *lager* stilidir. Bomonti Bira Fabrikası, kuruluşundan 1908 yılına kadar *ale* stili bira imal ettiyse de 1908'de *lager* stiline geçmiştir.

Adamın biri, bardan içeri girer ve barmenden bir şişe bira ister. Birayı bir dikişte içer ve sonra herkesin içinde pantolonunun fermuarını indirip, şişenin içine işemeye başlar. Barmen, üzerine atılıp "Sen ne yapıyorsun, manyak mısın" diye adamı dövmeye başlar ve bardan dışarı atar. Adam, ağzı yüzü kan içindeyken bir ara fırsatını bulup barmene, "Haklısınız, bu yaptığımdan çok utanıyorum ama bu benim hastalığım" der. Barmen, "Madem hastasın o halde doktora git, tedavi ol!" deyip bir daha gelmemesini söyler. Aradan bir müddet geçer. Bir gün adam tekrar bara gelir. Barmen, adamı görür görmez dışarı atmak için hamle yapar ama bizimki, "Ama ben artık tedavi oldum" der. Barmen, bunun üzerine adamın içeri girmesine izin verir ve ne istediğini sorar. Adam tekrar bira ister ve şişeyi bir dikişte bitirdikten sonra, yine pantolonunu indirir ve şişeye işemeye başlar. Barmen pür hiddet, bir taraftan adama tekme tokat girişirken diğer yandan, "Ulan hani tedavi olmuştun, bu ne biçim tedavi?" deyince bizim ki, "Evet tedavi oldum. Artık şişeye işerken utanmıyorum!.." cevabını verir.

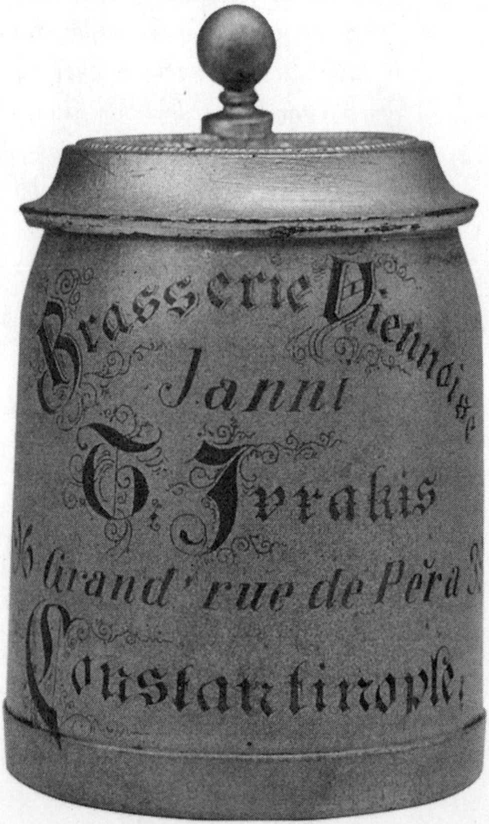
Brasserie Viennoise
Janni
Grand' rue de Pĕra
Constantinople

biranın yapılışı ve çeşitleri

"Bira içmek için burdayız... Ve hayatlarımızı öyle iyi yaşamalıyız ki "ölüm" bizi almaya geldiğinde titresin..."

Charles Bukowski

Eğer bira fabrikası kuracaksanız, bu kitabı yanlışlıkla aldınız. Burada, en kestirmesinden bir bira fabrikasında bira nasıl yapılıyor onu anlatacağım.

Bira yapımı, arpa şırasının ve özütünün hazırlanması, şıranın havalandırılması, birinci ve ikinci mayalanmadan önce içine maya katılmasıyla gerçekleşir.

Şıra, maltın öğütülmesi, özel kazanlarda mayşelenmesi, süzülmesi ve elde edilen özütün şerbetçiotuyla kaynatılmasıyla hazırlanır. Malt, valsli değirmenlerde un ve irmik haline getirilir. Bu sırada selülozlu kabuğun parçalanmasına dikkat edilir. Mayşeleme, öğütülmüş malta, sertliği giderilmiş su katılmasıyla başlar. Suyun oranı yaklaşık bir kilo malta üç buçuk kilodur. Bu karışıma Almanca kökenli bir sözcük olan *maiche*'den Türkçeleştirilen mayşe adı verilir. Mayşeleme sırasında karışımda, amilaz, proteaz gibi bir dizi enzim tepkimesi gelişir. Özellikle malttaki nişasta, amilazların etkisiyle önce sıvılaşır, sonra şekerlenir. Bu sırada oluşan mayalanabilir şekerlerden glükoz ve maltoz, bira mayalarınca kullanılır. Buna karşılık, dekstrinler şırada kalır ve malt yapımı ve mayşeleme sırasın-

Arpa

da parçalanan azotlu maddelerle birlikte biraya doygunluk verir. Mayşelemede iki yöntem uygulanır: İnfüzyon ve dekoksiyon (kaynatma). Günümüzde uygulanan infüzyon yönteminde, mayşe buharla ısıtılarak sıcaklığı yavaş yavaş ve aşamalı biçimde şekerleme sıcaklığına çıkarılır. Dekoksiyon yönteminde, mayşe kazanından alınan bir miktar mayşe, ayrı bir kaynatma kazanında önce şekerleme sıcaklığına kadar ısıtılır. Sonra kaynatılarak yeniden ana kazana verilir. Bu işlem bir ya da iki kez uygulanır.

Daha sonra, mayşe süzme kazanında ya da presli mayşe süzgecinde malt şırası, küspeden ayrılır. Süzgeçte kalan küspeye gelince... O da hayvan yemi olarak kullanılır. Elde edilen malt şırası, kaynatma kazanlarında şerbetçiotuyla bir buçuk, iki saat kaynatılır. Bu işlemle mayşedeki mikroorganizmalar ve enzimler yok edilir. Bu işleme sterilizasyon adı verilir, istenmeyen proteintanin bileşiklerinin pıhtıları gibi kaba tortuların çökelmesi, rengin koyulaşmasını ve asit oranının kararını sağlar. Klasik açık renkli biralarda bir hektolitre şıra için 150 gram şerbetçiotu kullanılır. Daha sonra, aktarma yöntemiyle ya da merkezkaçla şıra ve tortu birbirinden ayrılır. Elde edilen şıra plaka halindeki soğutuculardan geçirilerek soğutulur. Sonra havalandırılır ve saf mayayla mayalandırılır. Mayalanma, mayalanan şırada, yani onun içindeki mayalanabilir şekerlerle basil azotlu maddelerde tepkimeler yaparak alkol, karbondioksit ve çeşitli uçucu madde-

Şerbetçi otu.

ler oluşmasını sağlar. Biracılıkta, şıra soğuduktan sonra sanayi açısından çok sıkı sağlık kuralları uygulanır.

Asıl mayalanma (beş günden on güne kadar) açık kaplarda ve çoğunlukla yatay ya da dikey duran bir ucu koni biçimindeki silindirimsi tanklarda gerçekleştirilir. Otomatik olarak soğutulan bu tankların hacmi, günümüzde beş bin hektolitreyi aşacak büyüklüktedir. Daha yaygın olan hafif mayalanmada, maya, işlemin sonuna doğru tankın dibine çöker. Yüksek mayalanmada tam tersine, maya şıranın yüzeyinde toplanır. Asıl mayalanmadan sonra bira, 0° C'ye yakın sıcaklıkta bir olgunlaştırma evresi olan, iki ile sekiz hafta arasında değişen ikinci mayalanma tankına gönderilir. Olgunlaşma sırasında bira, kendiliğinden karbondioksite doyar. Maya az ya da çok yoğun bir biçimde dibe çöker, sıvı berraklaşır. Mayalanmayla oluşan uçucu maddeler birada erir, böylece tat ve koku iyileşir. Berraklaştırıcı ya da sterilize edici karton levhalardan oluşan Kieselguhr süzgecinde, soğukta gerçekleştirilen süzme işleminde, biraya parlaklık ve güzel görünüm kazandırılır. Ondan sonra, bira steril eşbasınçlı doldurma makineleriyle hiç karbon gazı kaybettirilmeden şişelere doldurulur.

Bira şişelenmeden önce dökme olarak levhalı pastörizatörlerde ya da şişelendikten sonra tünel tipi, pastörizatörlerde pastörize edilir. Pastörizasyon işlemi, bilimsel olarak ve sıkı bir denetim altında yapılır. Bira imalatının her aşaması "*brewmeister*" denilen bira ustalarının denetimindedir. 1876 yılında Louis Pasteur, bulduğu ve kendi ismini verdiği pastörizasyon yöntemiyle biranın üretim yapıldığı yerlerden uzaklara taşınarak bozulmaksızın yaygın olarak tüketilmesini sağladı.

Bira mayalanma tekniğine göre temelde iki gruba ayrılıyor: "*Ale*" ve "*lager*". Bu ayırımı mayalanma tarzı belirtiyor. "*Ale*" ve türevi "*stout*" ile "*porter*" türü İngiliz, İskoç ve İrlanda biraları üstten mayalanıyor. Maya, şıranın yüzeyinde çoğalarak alkole dönüşümü sağlıyor. *Lager*'den çok daha kısa bir sürede mayalanma gerçekleşiyor. Bu ilk mayalanmadan sonra ay-

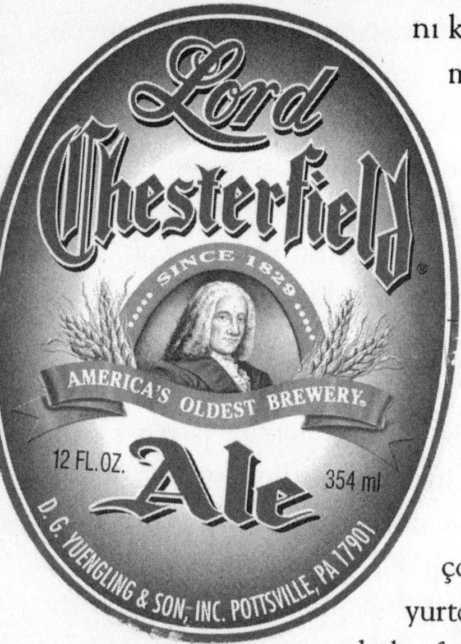

nı kazanda dinlendirilerek ikinci bir mayalanmayla olgunlaştırılıyor. Pastörize edilmeyen *ale*'e "*real ale*", pastörize edilene ise "*keg*" deniyor. 1292 yıllarına kadar üretilen biraların tamamı "ale". Pils kasabasında soğutularak alttan mayalama yöntemi keşfediliyor. Böylece birada devrim yaratılıyor. Artık bira 10 gün dinlendirildikten sonra olgunlaşabiliyor. Bazen mayalanma süresi yapay olarak haftalarca sürebiliyor.

Türkler, Pilsner dışındaki biralarla çok az tanışabilme fırsatı bulabildi. Ancak yurtdışına iş ya da turistik amaçla gittiklerinde bu fırsat yakalanabildi. Şu sıralarda tek tük de olsa bazı ithal bira çeşitleri bazı bar ve restoranların içecek listesinde yer almaya başladı. Oysa *stout*'ların kekremsi, acımsı tatlarını, Alman malt biralarının yoğun, yağlı içimlerini hissedebilmek için çok çeşitli biraları tatmış, aradaki farkları ayırdedebilmek için damağı tecrübeli kılmış olmak gerek.

Şimdi önce bu kitapta daha önce almış olduğumuz bazı bilgileri tazeleyelim. Önceki bölümlerimizde *ale* ile *lager* bira farkının, üretim sürecinde mayalama teknolojisi farkından kaynaklandığı öne sürülmüştü.

Ale, yukarıdan fermentasyon ile, *lager* ise aşağıdan fermentasyon tekniğiyle üretiliyordu ve *pilsner* de bir *lager* stili biraydı. *Pilsner*, *lager* stili biraların altın sarısı renginde olanlarına deniyordu.

Porter tipi biralar ise hafif ucuz *ale* stili biraların daha sert ve olgun koyu biralarla karıştırılmasıyla yapılıyor. *Porter*'ın karışımında sert ve olgun bira daha fazla yer alıyorsa, o zaman, karışım da daha koyu ve sert oluyor ve bu çeşide "*stout*" deniyor. Guinness Stout bu tür biraya örnektir.

Bu genel farkları ortaya koyduktan sonra gelin birlikte dünyadaki binlerce bira çeşidi içerisinden ana gruplar olarak seçilmiş olan bira stillerini birlikte inceleyelim.

Ale Biralar:

Abbey

Leffe ve Grimbergen rahiplerinin manastırlarına maddi katkı toplamak için civardaki bira fabrikalarında başlattıkları üretim, hayli rağbet kazandı. Bu stilde imal edilen biralar maltımsı ve şarabımsı aromaları ve damakta bıraktıkları baharat ve derin bir şerbetçiotu acılığıyla tanınırlar.

Örnek: Leffe.

Alt

Almanca kökenli "*alt*" "yaşlı" anlamına geliyor. Bunun nedeni geleneksel üretimle elde edilmesi. *Alt*, *ale*'ler gibi yüksek derecede fermante edilir, ancak *lager*'ler gibi serın ortamda saklanır. Çoğu yuksek burukluktaki malt biraların tersine, oldukça yumuşak içimlidir. Genellikle bakır ya da kehribar rengi olur. *Alt*'ın ilk üretildiği bölge Düsseldorf'tur. Günümüzde Japonya ve Kuzey Amerika'da üretiliyor.

Örnek: Diebels Alt.

Barley Wine

Adına bakıp da sakın şarap sanmayın. Bu adı almasının nedeni, diğer biralara göre daha sert alkol oranına sahip olmasıdır. Genellikle şarap kadehlerinde servis edilir. Dolgun ve yoğun malt tadı vardır. Meyve aromalarıyla şerbetçiotunun burukluğu,

farklı bir tat ortaya çıkarır. Maltın tatlılığını dengelemek, şerbetçiotunun burukluğuyla sağlanır. Koyu bakır ve altın renginden koyu kahverengiye kadar değişen renklerde üretilir. Bu yoğun ve güçlü *ale*, kış biralarındandır. Özellikle kayak merkezlerinde kayak sonrasında şömine başı sohbetlerinde tüketilir.

Örnek: Anchor Old Foghorn, Smithwick's Barley Wine.

Belçika Red Ale

Belçika'nın Felemenk yöresinin bu klasik birası kırmızı rengini Viyana maltından alır. Bu stile "*Belgian Sour Red*" de denilir. Mayhoş tadı ve keskin asidi, meşe fıçılarda dinlendirilmesinden kaynaklanır. Bütün çeşitlerinde şerbetçiotu yoktur. Belçika'da mayhoşluğunu hafifletmek için genellikle tatlı şurup ve daha genç, tatlı biralarla karıştırılarak içilir.

Örnek: Flander's Red Ale, Rodenbach

Belçika Strong Ale

Oldukça yüksek alkol içeren bu Belçika birası, arpa şarabına ve "eski İngiliz *ale*"ine benzemektedir. *Golden ale* olarak da bilinen *strong ale*, ferment *ale* ile mayalandırılır ama soğuk içimlidir. Malt açısından tatlıdır ve rengi uçuk sarıyla koyu kahverengi arasında değişir. Siyah çeşitleri daha dolgun gövdeli ve genellikle daha tatlıdır.

Örnek: Duval.

Bitter

Bitter terimi başlangıçta İngiltere'de yeni yeni şerbetçiotuyla yapılmakta olan biraları ayırdetmek için kullanılmıştır ama bugün *bitter* olarak sınıflandırılan bira ortalama bir hafif *ale*'den daha sert olmayabilir. *Pale ale* stili biranın fıçı tipi olarak başlamış, sonra imalatında yapılan değişiklikler sonucunda apayrı bir stil olup çıkmıştır. Genellikle, *bitter*'ler düşük alkol miktarına sahip olmalarına rağmen oldukça sek ve serttirler. Hafif karbonatlıdırlar ve rengi altın sarısıyla kırmızımsı kahverengi arasında değişir. *Bitter*'ler lezzet karmaşıklığı artışına, gövde derinliğine ve alkol oranına göre üç değişik alt-tarza ayrılır: Normal *bitter* yumuşak olandır, onu *special* ya da *best* izler ve sonuncusu *extra special bitter*'dir. Arpasız ve şerbetçiotsuz *extra special bitter* daha serttir.

Örnek: Fuller's London Pride.

Brown Ale

Çok renkli biralara benzer ama rengi daha koyudur. *Brown ale*'ler *mild ale*'lerden daha lezzetli ve hafiftirler. Meyve ya da fındık aromalıdır. Kuzey İngiltere'de yapılan *brown ale*'ler, Güney İngiltere'dekilere oranla daha açık renklidir ve daha yüksek alkol oranına sahiptir. İngiltere'de *pub* birası olan *brown ale*, Amerika'da küçük bira imalathaneleri (*microbrewery*) arasında popülerlik kazanır. Amerika'da, şerbetçiotu tadının daha yoğun olduğu fındık ya da bal aromalı *brown ale*'ler yaygındır. Bu biralar İngiliz *ale*'lerinin Amerikan yorumu olarak bilinir. Belçika'nın Flemish kentinin *brown ale*'i İngiliz ve Amerikan versiyonlarından oldukça farklılık gösterir. Kırmızıya çalan rengiyle, malt ve mayanın kompleks bir karışımına ve uzun bir fermentasyon sürecinden geçtiği için mayanın bariz mayhoş tadına sahiptir.

Örnek: Newcastle Brown Ale.

Buğday Birası

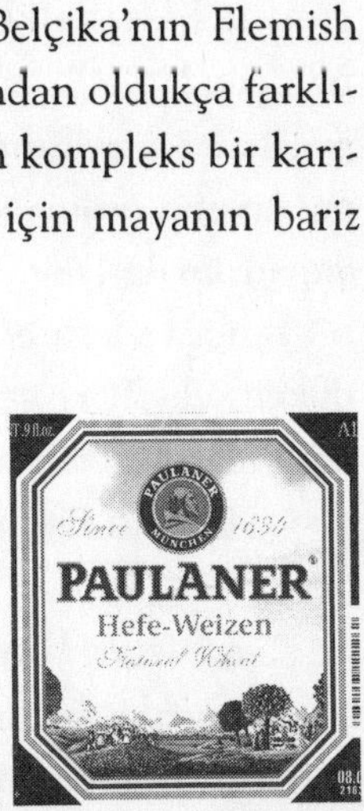

Alman buğday biraları genellikle Bavyera'da üretilir. Adı buğday birası olmasına rağmen yalnızca yüzde 50-60 oranında maltlanmış buğday içeriyor. Bu oran yüzde 20'lere kadar düşebilir. Bazı çeşitlerinde maltlanmamış buğday kullanılır. Meyve aro-

masına ve biraz baharatlı bir lezzete sahiptir. Yüksek oranda karbonat içeren buğday biralarının serinletici özelliği yaz aylarında tercih edilmesini sağlar. Bunlara *Weisse* ya da *Weizen* diyorlar. Eğer süzülmüş ise *Hefeweizen*, ayrıca filtreden geçmişse *Kristall* adını alıyor. Daha kuvvetlileri ise *Weizenbock*, siyah ise *Dunkelweisen* oluyor. Belçika'da imal edilen buğday birasına *Witbier* ya da *Tarwebier* diyorlar. Bu biraya portakal kabuğu, *curaçao* ve kişniş katılır. Fransızlar ise aynı biraya *Bières Blanches* diyorlar.

Örnek: Schneider Weisse.

Cream Ale

Amerikalı bira imalatçıları, *lager*'in *pilsner* stilini üretmeye çalışırken tesadüf eseri kolay içimli bir bira yarattılar. Dolgun gövdeli *lager* maya kullanan ya da *lager* ile *ale* mayasını karıştırarak soğuk uygulamanın ardından, sıcak mayalandırma yapan imalatçılar, yeni biraya, çok soluk bir rengi ve *light* bir tadı olması nedeniyle "*cream ale*" adını verdiler. Oldukça şekerli ve şerbetçiotu aroması düşük olan bu bira, yüksek oranda karbonatlı bir tada sahiptir.

Örnek: Budweiser/ABD.

Çavdar Birası

Çavdar biraları, arpa maltlarını tamamlayıcı olarak özel biralarda kullanılır. Geleneksel çavdar biraları hâlâ Almanya ve Avusturya'da üretiliyor. Çavdar, bira yapımında kullanılması arpaya oranla daha zor bir tahıl olmasına rağmen, Kuzey Avrupa'da bira yapımında tercih edilen bir üründür.

Örnek: Schierlinger Roggen.

India Pale Ale

Bu soluk renkli *ale*, Britanya İmparatorluğu'nun geniş sömürgelere sahip olduğu dönemlerde Hindistan gibi uzak topraklara gidenlerin beş ay civarı süren uzun yolculuklarında yanlarına almaları için üretilmiş bir biradır.

India pale ale'leri (IPA), kalitesini uzun süre koruması amacıyla yüksek oranda şerbetçiotu ve alkol içeriyordu. O günlerden gelenek bozulmadı ve IPA'lar bugün de oldukça sert içimli biralar. Acımsı bir tadı olan bu *medium ale*'de, şerbetçiotunun buruk tadı, orta kararda kullanılan malt tarafından dengelenir. Uzun gemi yolculuklarında meşe fıçılarda muhafaza edilmelerinden kaynaklanan meşe tadı, bugün bira imalatçılarının mayalandırma sürecinde meşe kullanmasıyla korunuyor. Ambere çalan altın renge sahiptir.

Örnek: Anchor Liberty Ale, Old Empire.

Irish Ale

Bu az şekerli *ale*, malt ve hafif şerbetçiotu tadına sahiptir. Kırmızı rengini arpanın kavrulmasıyla alır. *Light* ve *medium* bir bira olan *Irish ale*, İskoçya'daki üretim geleneklerinden etkilenilerek üretilir. Bu stille dolgun gövdeli *lager*'ler de üretiliyor.

Örnek: Conway's Irish Ale.

Kölsch

Bu soluk ve yaşlı sarışın, mayhoş bir tada sahip ve orta derecede buruk bir lezzeti var. Filtrelenmediği için bulanık bir görünümdedir ama içimi pürüzsüzdür. Orta hafiflikte bir bira olan *kölsch*, serinletici yaz içkisi olarak son derece popüler. Bir *kölsch* biranın bu adla anılması için mutlaka Almanya'nın Köln kentindeki şehir bira üreticileri sendikasının bir üyesi tarafından imal edilmesi gerekiyor.

Örnek: Küppers Kölsch.

Lambic

Lambic, havayla yayılan doğal mayalar kullanılarak doğal fermentasyon yöntemiyle üretilen tek bira çeşididir. Geniş tahta fıçılarda üç aydan bir yıla kadar demlendirilen *lambic*'ler, birçok meyve aromalarıyla yapılan çok geniş bir çeşide sahiptir. *Lambic* adı büyük ihtimalle Belçika kasabası olan Lembeek'ten geliyor ve bir biranın *lambic* sınıfına girebilmesi için en az yüzde 30 oranında maltlanmamış buğday içermesi gerekiyor. Mayhoş ama temiz bir lezzeti olan *lambic*'te şerbetçiotu yalnızca koruyucu olarak kullanılıyor, aroma vermek için değil.

Lambic, yalnızca fıçı bira olarak satılıyor. Aynı bira şişelenince "*gueuze*"adını alıyor.

Örnek: De Neve

Lambic'in meyvelileri de, vişneliyse "*kriek*", frambuazlıysa "*frambozen*" diye adlandırılıyor. Bir de yalnızca Brüksel'de üretilen *lambic* soyuna mensup *faro* var. *Faro*, % 4 alkol içeriyor. Yaz aylarında serinlik verir.

Mild Ale

İşçilerin birası olan *mild ale*, yakın zamana kadar İngiltere ve Galler bölgesinde en baskın *ale* çeşidiydi. *Mild* (hafif) sınıfında olması alkol oranının düşük olmasından kaynaklanıyor. Şerbetçiotunun kayda değer bir oranda katılmasına rağmen *mild ale*'lerin tadı buruk değil, aksine bir miktar tatlı ve maltlıdır. Soluk ve bakır renginde çeşitleri de bulunmasına rağmen genel olarak koyu kahverengidir. *Mild ale*'in bir de tarihi tarafı vardır. Başbakan Winston Churchill 2. Dünya Savaşı süresince donanmaya bağlı bir savaş gemisi olan Menestheus gemisini yüzer bira fabrikası yapar ve imal edilen *mild ale*'i donanma gemilerine dağıttırır. Askerler, bu yüzer bira fabrikasına, *Daby Jones Brewery* adını takarlar.

Örnek: Red Dragon Dark.

Old Ale

Strong ale olarak da bilinen İngiliz *old ale*'ler, arpa biralarına (*barley wine*) oranla daha az alkol içerirler. Zengin maltlı ve tatlı olan bu bira koyu amber rengindedir. *Old ale*'ler olgun biralardır ve birkaç yıl demlendirilir. Kış aylarında iyi bir ısıtıcıdır.

Örnek: Theakston's Old Peculier.

Pale Ale

Çoğu kişi *pale ale* ile *bitter* stillerinin aynı olduğunu sanır. Oysa değildir. *India pale ale* ihracat için yapılırken, *pale ale* de şişelenerek sabahları kapıların önüne süt şişelerinin yanına bırakılarak İngiltere'de evlere kadar servis yapılma-

sıyla hatırlanır. *Strong ale*, *strong pale ale*, *real ale*, *sparkling ale*, *liberty ale* hep aynı stile dahil *ale* çeşitleridir.

İçildiğinde ilk hissedilen şerbetçiotu tadının hücumudur, sonra bir acılık hissedilir ama hemen ardından bisküvimsi bir malt tadıyla dengelenir.

Örnek: Bass

Porter

Bira tarihinde bir yeniden doğuş olarak nitelendirilen *porter*, İngiliz *pub*'larında, 1772 yılında hafif ve ucuz biraların daha sert ve daha olgun koyu biralarla karıştırılması sonucu elde edildi. Biraya, Londra'daki Victoria Station'daki hamalların en sevdiği içki olduğu için *porter* (hamal) adı verildi. Çikolatanın keskin ve acı lezzetine sahip siyah malt tadındaki *porter* sek, siyaha çalan koyu kahverengidir. Ayrıca şerbetçiotunun buruk tadı daha kompleks bir lezzet oluşturur.

Örnek: Burton Bridge.

Saison (Sezuen)

Mayhoş ama serinletici bir bira olan "*saison*", yüksek oranda şerbetçiotuna sahiptir. Bu baharat aromalı *ale*, kış aylarında yapılır ve yaza kadar demlendirilir. Karbonat oranı yüksek olan bu biranın rengi bakır ya da turuncudur. Şişelenerek demlendirilen *saison*, genellikle mantarlı şarap şişelerinde bekletilir. *Bier de garde* da bu stile dahildir.

Örnek: Saison Silly, Saison Saint Médart.

Sake

Sake pirinç şarabı olarak bilinir. Oysa pirinç birasıdır. Pirinç iki defa, her defasında değişik mayayla fermente edilir. Renksiz, gazsız bir içkidir. "*Tokkuri*" denilen küçük seramik sürahilerden "*sakazuki*" denilen ufak porselen kadehlere dökülerek ılık olarak içilir. % 14-16 alkollüdür. "*Honjozo*" denilen *sake*'ler 20 dereceye kadar yükselebilir. Kore'de yapılan pirinç birasına ise "*suk*" diyorlar.

Örnek: Sho Chiku Bai.

Japon *lager* örnekleri: Kirin Ichi Ban, Sapporo.

Scottish Ale

İskoç *ale*'leri İngiliz örneklerine göre genellikle daha maltlıdır ve daha az oranda şerbetçiotuna sahiptir. İskoç *ale*'i, içerdiği alkol oranına göre *light*, sert ve *export* olmak üzere üç sınıfa ayrılır. Bu sınıflandırma İskoçya'da eski fiyatlandırma sisteminden kalan alışkanlıkla 60, 70 ve 80 şilinlik olarak bilinir. İskoç *ale*'leri, kavrulmuş arpa ya da *dark* malt kullanıldığında isli bir karaktere sahip olabilir.

Örnek: Mc Ewan's Scottish Ale.

Stout

Porter stili biraların en kuvvetli çeşidine verilen ad *stout*'dur. *Porter* stili biranın doğum yeri Londra olmasına rağmen *stout* versiyonu almış başını gitmiş ve İrlanda'ya taht kurmuş. Âdeta İrlanda'nın milli beraberlik bağı olmuş. İrlanda'nın milli sembolü olan harp [müzik enstrümanı] Guinness biralarının şirket amblemi olmuş.

Örnek: Guinness.

Stout stilinin ufak tefek farklılıklar içeren alt grupları var. *Milk stout* yani süt *stout*'u, *Stout*'un daha şekerlisi ve daha az alkollüsüdür.

Örnek: Mackeson Stout.

Stout'ların üretimi süresince istiridye katılarak yapılanına ise *oyster stout* deniyor. Bir de *imperial Russian stout* var. Bir zamanlar Londra'da Rus İmparatoriçesi Katerina için üretilmiş, Kırım Savaşı sırasında çok meşhur olmuş. Şu anda Kiev'de üretimi sürüyor.

Örnek: Guinness Extra Stout.

Trappist (Abbey)

Çok sıkı kurallara bağlı olarak yaşamayı şart koşan ve konuşmayı kesinlikle yasaklayan Katolik Trappe Tarikatı'nın keşişlerinden adını alan bu biranın adına layık olması için altı Trappist manastırından birinde üretilmesi gerekiyor. Bu manastırlardan beşi Belçika'da, biri Hollanda'da bulunuyor. Chi-

may, Orval, Rochefort, Westmalle St Sixus ve Hollanda'daki Schaapskooi.

Örnek: Chimay.

İ*Lager* Biralar:

Amerikan Açık Sarı Lager'*ler* (*Amerikan pale lagers.*)

Bu stil biralar *pilsner* temelinden gelmelerine rağmen daha açık renkli, gazlı ve suludur. Çok soğuk servis yapılmaları gerekir.

Örnek: Samuel Adams Boston Lager.

Amerikan Koyu Lager'*ler* (*Amerikan dark lagers.*)

Açık sarı *lager* biraları gibi bu biralar da Avrupa'lı *dark* örneklerıne benzetilmeye çalışılmıştır. Daha çok yemeğin üzerine iyi gider. Amerikan koyu *lager*'leri Alman *dark lager*'ının çikolata tadı fazlalaştırılmışına benzer.

Örnek: Brooklyn Brown.

Bock

Bock'lar sert biralardır ama rahat içimlidirler. Almanya'nın kuzeyinde yer alan Einbeck'ten (Almanca'da "*Einbock*" olarak telaffuz edilir) adını alır ve bu yöreye özgü bir biradır. Uzun bir olgunlaşma dönemi, koyu kahvenin de renkleriyle daha başarılı ve sert bir tat elde edilmesini sağlar. *Bock*, tat vermek için değil, arpayı dengelemek için hafif derecede kul-

lanılır. Daha sert *bock*'ların bazıları yemek sonrası birası olarak içilir. Wisconsin kökenli Amerikan *bock*'ları Alman orijinallerinden daha iddiasızdır. *Bock*'ların birçok çeşidi vardır. Geleneksel *bock*'ların rengi sarı kahveden siyah kahveye sıralanır, malt açısından tatlıdırlar ve orta ya da dolgun gövdelidirler. *Double bock*, *bock*'tan daha serttir ve daha keskin bir malt aroması ve tadına sahiptir.

Örnek: Paulaner Salvator.

Dortmunder

Adını Batı Almanya'daki Dortmund şehrinden alan Almanlar'ın ünlü birası *dortmunder medium* sek olmasına rağmen, tipik *pilsner*'den daha az şerbetçiotu aromalı ve hafif şekerlidir. Maltın orta karardaki tatlılığıyla şerbetçi otunun burukluğu oldukça iyi dengelenmiştir. Rengi altın rengine yakın bir açıklıktadır.

Örnek: DAB Export.

Märzen

Viyana tarzı Münih kökenli bu biranın rengi kehribar ya da bakıra çalar. Geleneksel olarak Almanya'nın Märzen şehrinde yapılan *Märzen*, sonbahara kadar demlendirilir. Bu nedenle bir diğer adı Ekim Festivali anlamına gelen *Octoberfest*'tir. *Märzen* de *bock* gibi çok maltlıdır ama kavrulmuş buğdayın verdiği aroması nedeniyle onun kadar çikolatalı değildir. Şerbetçiotunun burukluğu biranın tadını dengeler ve yumuşak bir içim sağlar.

Örnek: Spätens Märzenbier.

Münchner Dunkel

Münih'in bu *dark* (Almanca'da *dunkel*) *lager*'i, baharatlı bir malt ve hafif çikolata ya da karamel tadındadır. Şerbetçiotunun, maltın tadını etkisizleştiren bir aroma ve lezzet vermesine karşın *bitter* sınıfında yer almayan Dunkel, bakıra çalan bir renge sahiptir.

Örnek: Ludwig Thoma Dunkel.

Münchner Helles

Light bir versiyon olan bu Münih stili, soluk ya da altın rengi *lager*, malt oranının hafif olmasına rağmen dengeli bir tada sahiptir. Dortmunder'dan daha hafif olan ve Almanca'da *light* ya da açık renk anlamına gelen "*helles*", *pilsner*'le karşılaştırıldığında daha sert ve şerbetçiotu oranı az bir biradır.

Örnek: Angustiner's Hell.

Vienna

Bu amber kırmızı *lager*, 1840'larda Avusturyalı bira imalatçısı Anton Dreher tarafından geliştirildi. Bu bıranın kavrulmuş, maltlı tadı şerbetçiotunun hafif burukluğuyla dengeleniyor.

Örnek: Dos Equis.

Diğer bira stilleri:

Almanya'nın doğusundaki Thuringia eyaletinde üretilen siyah bira (*schwarz bier*), İskandinav ülkelerinde revaçta olan ardıç birası (*juniper beer*) ve Kuzey Bavyera'da ile Kanada'da imal edilen buz birası (*eis bier* ya da *eisbock*), Augsburg yakınlarında üretimi yapılmakta olan taş birası

"*steinbier*", Amerika'da Seattle ve Phoenix'de imalatı yapılan kırmızı biberli bira (*chilli bier*). Eskiden "*Diat pils*" denilen ve diabetik hastalar için imal edilmiş olan ama şimdi herkes içtiği için adı yalnız "*pils*" olan ekstra sek bira. San Francisco'da üretilen buhar birası (*steam beer*) ve son olarak malt kavrulurken isli dumana tutularak füme yapıldığından isli bira (*smoked beer*) bunlardan bazıları.

Olivier de Serres, "biranın" üstünlüklerinden birini, "Bira üretmek için hasat zamanını beklemek gerekmez. Öyle ki herkesin her zaman çatıda buğdayı ya da arpası bulunur. Oysa şarabın başarısı tehlikeli bir biçimde taze üzüme bağlıdır" diye yazmaktadır.

Yaygın tüketilen iki fermente içki çeşidi olan bira ile şarabı karşılaştırdığımızda sanki birbirinin açığını kapatmak için yaratılmış olduklarını sanırız.

Şarabın ana maddesi üzüm kısa sürede bozulan bir meyvedir. Dolayısıyla toplanır ve hemen toplandığı bağ ya da civarında şarap haline getirilir. Yine oralarda uzun yıllar fıçıda saklanabilir. Hatta çoğu şaraplar yıllandırıldığı oranda daha iyi bir içim lezzetine ulaşır. Yine aynı yörede şişelenir.

Oysa biranın hammaddesi olan arpa yıldan yıla silolarda muhafaza edilebilir. İstenildiği zaman istenildiği yerde malt haline getirilebilir. Yani istenirse arpa gemiye koyulup dünyanın herhangi bir noktasına götürülebilir. Ancak, bir kere bira haline getirildiğinde tazeliğini kaybetmeden hemen içilmelidir.

İşte, yukarıdaki bu tamamen tersine özelliklerinden dolayı iki içkinin ticareti de farklı biçimlerde yapılır.

Şarap üretildiği yerde fıçılarda bekletilip pazara orada şişelenerek şişelerde sevkedilir. Yani şişede şarap ticareti söz konusudur. Tabii ender hallerde *bulk* şarap sevkiyatı da sözkonusudur fakat bu istisnadır. Genel olarak üretildiği yöreden dünyanın her yanına şişede ihraç malı olarak gider.

Oysa arpa, ister o yörede ekilsin isterse ithal edilmiş olsun biranın tüketileceği yere çok yakın bir fabrikada malt haline getirilip orada şişelenir. Şişelenen biranın o yakın çevrede dağıtımı yapılır.

En fazla bira üreten ülkeler:

1- ABD	6- İngiltere
2- Çin	7- Meksika
3- Almanya	8- Rusya
4- Japonya	9- İspanya
5- Brezilya	10- Güney Afrika

Türkiye'de 2002 yılında toplam 750 milyon litre bira içilmiş. Yani, kişi başına yılda yaklaşık 11-12 litre.

Türkiye'nin diğer bazı ülkelere göre yıllık kişi başı bira tüketim durumu aşağıdadır:

En fazla bira tüketen ülkeler:

[Kişi başına bira tüketimi: 2001 Yılı (Litre)]

Çek Cumhuriyeti	163
İrlanda	157
Almanya	132

Avusturya	111
Danimarka	109
İngiltere	104
Türkiye	12

Pazarın % 78'ine, Anadolu Endüstri Holding'e bağlı Efes İçecek Grubu, % 21'ine Carlsberg Grubu'nun sahip olduğu Türk Tuborg hâkim, kalan % 1 ise Tekel'in Yozgat'taki kısıtlı üretiminden ve ithal markalardan oluşuyor.

Bu konuyu kapamadan önce bir karışıklığı da önlemem gerekiyor.

Bir de "*root beer*" yani kök birası var. Bir gün yolunuz Amerika'ya düşer de meşrubat dolabında *root beer* kutularını görünce "biranın kitabını okudum, yine de bu birayı bilmiyorum, bu ne iş?" demeyin. *Root beer*, adında bira kelimesi geçmesine rağmen bira değil. Bir meşrubat. Amerika'nın, özellikle Virginia ve çevresi eyaletlerinde çocukların çok sevdiği bir geleneksel meşrubat. Ben içtim, içine tentürdiyot damlatılmış *Cola* gibi bir tadı var.

Bugünkü dev Amerikan otelcilik şirketi Marriott'un 1927'de bir meşrubat büfesi işletmesiyle işe başladığını biliyor muydunuz? Evet, Bill Marriott, Washington şehrinde 14. Cadde'de çekme kök bira satarak başlar iş hayatına. 1500 dolar birikmiş parasına 1500 dolar da borç alır. Üç bin dolar da o sırada hukuk fakültesinde öğrenci olan arkadaşı koyup altı bin dolar yatırırlar büfeye. Başlarlar kök birası satmaya. Önce satışlar normal seyrini takip eder. Sonra Bill meşrubatı buz gibi soğuk bardaklarda sunabilse müşteriyi çok daha memnun edeceğini düşünür. Çünkü soğutulmuş çekme kök birası fazlaca kalın olan, oda sıcaklığındaki bardağa girdiğinde, bardağın kök birasının soğukluğunu emdiğini ve biranın çabucak ılımakta olduğunu keşfeder.

Hemen kolları sıvar. Tezgâhın altının tamamını soğuk hava dolabı haline dönüştürür. Bardakları içine koyup soğutur. Satışlar üç kat artar...

Sonrasını hiç anlatmasak daha iyi çünkü çok kısa: Bir kök bira büfesi daha, on kök bira büfesi daha, yüz bira büfesi derken bir otel, on otel daha, yüz otel.... Sonunda bugünkü dev imparatorluk. Oysa bu hikâyenin sonunu şöyle de bağlayabilirdik: Büfenin karşısındaki apartmanın üç nolu dairesindeki genç bayanla iki üç kez göz göze geldikten 15 gün sonra oturdukları nikâh masasında, kadının soyadının Rockfeller olduğunu öğrenir. Kadın genç yaşta ölünce de dev imparatorluk ona kalır.

Tavşan, ormanın kuytu bir yerinde, yan gelip yatıyor, "Hayrola yahu, ne yapıyorsun? diyenleri umursamıyormuş. "Ne yapayım, bütün gün birayı içiyor, sonra da şu karşı tepedeki aslanın tadına bakıyorum!" Bu laf aslanın kulağına gidince, gidip tavşanı bulmuş "Ne yapıyorsun burada?" diye sormuş "Hiç, ne yapayım, akşama kadar oturuyorum!" "Sonra?" "Ha pasa, bira içiyorum!" Aslanın sesi gittikçe yükseliyormuş: "Eee, sonra, daha sonra ne yapıyorsun?" Tavşan başına geleceklerini anlamış: "Hiç, ne yapayım, kafamı bulunca saçmalamaya başlıyorum!"

Heineken
troy kapaklarının altında, milyonlarca
TROY
EFES DARK
NEWCASTLE · BROWN ALE
Miller MGD GENUINE DRAFT TWIST OFF
TROY PILSNER
CERVECERIA
EFES Light
Carlsberg Beer
Bud
TUBORG SPECIAL TUBORG DÜNYA MARKASI
TUBORG
Carlsberg Beer
TUBORG
Bud Beer
TUBORG PILSENER

biranın sunumu

"Harc-ı âlem bir keyif aracı bira...
Bira ucuz bir içki
Bira hafif bir içki
Az içeni serinleten
Çok içeni hamal yapan bira
İçmesini bilene tatlı bir keyif
Güzel bir mahmurluk verir bira..."

Bu bölümü okumaya başlamadan bira bardağınızı buzdolabına bırakıp gelin ve okumaya devam edin.

Akla önce şu soru gelebilir. Bira ışıktan etkilenir mi? Evet etkilenir. Zaten bira şişelerinin kahverengi ya da yeşil renkli olması bu yüzdendir. Bira güneş gören yerde ya da floresan ışığı altında tutulmamalıdır. Sıcak yerlerde stoklanmamalıdır. Stoklamada ilk giren ilk çıkar prensibi uygulanmalıdır.

Her şeyden önce, bira çok taze olmalıdır. Unutmayın, şarabın eskisi, biranın tazesi makbuldur. Şişe bira daima dik olarak bekletilmelidir. Buna tek istisna "*bière de garde*"dır. Bu bira şarap gibi yatık bekletilir. Bira şişe ya da kutuları taşınırken çok sarsılmamalı, sallanmamalı, köpürtülmemelidir. Şişenin kapağı yavaş değil, aniden açılmalıdır.

Bira –2° C'de donar. Onun için kısa süre için bile olsa derin dondurucuya koyulmaz. *Lager* tipi biralar 4-8° C arası soğuklukta servise sunulmalıdır. *Ale* tipi biralar ise 13-15° C'de. İdeal sıcaklık budur. Bira hafifse (*light*) 3-5° C, normal ise 4-6° C ideal olur. *Lager* biranın ideal sıcaklıkta olduğu, bardağın dışında buğu oluşumu ile anlaşılabilir. Bira fıçıda ise fıçının bulunduğu yerler 13-16° C olmalıdır. Servise sunulmadan önce bira sunuş sıcaklığına getirilmelidir.

Türkiye'de de üretimi yapılan Carlsberg, yurtdışındaki bazı fabrikalarında ürettiği biralarının üzerindeki ambleminin hemen sol tarafına beyaz bir şerit koymuş. Eğer, kutu ve içindeki bira istenilen 4-6° C'a gelmişse bu beyaz şeridin içindeki kimyasal kırmızı boya görünür oluyor ve şeritte "4-6° C Cold" yazıyor. Biranızın kutusunu açıp da içmeye başladığınızda bira ılıyınca kırmızı yazı kayboluyor. Şerit yine bembeyaz oluyor.

Bizde çekme bira denilen, fıçıdan çekilerek bardakta sunulan birayı ifade etmek için İngilizler "*draught beer*", Amerikalılar "*draft beer*" ya da "*on tap*", Almanlar ise "*vom fass*" diyorlar. Fransa'da çekme bira isterseniz "*pression*" demeniz yeterli.

Eskiden bira fıçıları ahşaptan yapılmaydı. Şimdi ise paslanmaz çelikten üretiliyor ve küçükleri 35 litre, büyükleri ise 50 litre bira alacak biçimde tasarlanıyor. Bu fıçı türü zamanımızın standardı oluvermiş. Fıçılar buharla sterilazyon işleminden geçirilir ve fıçılara ısıtılmış bira doldurularak yarı pastörizasyon yapılır. Bu nedenle fıçı biranın en fazla bir ay içinde tüketilmesi beklenir. Türkiye'de ayrıca beş litrelik alüminyum kutularda satışa sunulan mini fıçı bira mevcuttur. Bunlar da evde arkadaş toplantıları, piknikler için planlanmıştır ve tam pastörize edilmiştir.

Ahşap fıçılar İngiltere'de bazı bira imalathaneleri tarafından hâlâ ve ısrarla kullanılmaktadır Onlar biralarının ahşap fıçıda ikinci kez fermentasyona girerken özgün lezzet kazandığını savunuyorlar. Biz ahşap fıçıya boyutuna göre ad vermemişiz ama İngilizler öyle değil. Onlar her değişik boyuta bir başka ad takmışlar. Genel olarak söylemek istedikleri zaman "*cask*" diyorlar, yani fıçı.

Pin	:	4,5 galon	*Barrel*	:	32 galon
Furkin	:	9 galon	*Hogshead*	:	54 galon
Kilderkin	:	18 galon	*Butt*	:	120 galon
			Tun	:	240 galon (yaklaşık bir ton)

Bira bardağa boşaltılırken bardak hafifçe 45 derecelik açıyla eğimli tutulmalı ve bira tek noktaya yavaşça boşaltılmalıdır. Bardak doldukça bardağın eğimi azaltılmalıdır. En ideali bardağın da buzdolabında beş dakika civarında soğutulmuş olmasıdır. Bira bir litrelik bardaklardaysa bir saat bile beklese bozulmaz, lezzetinden bir şey kaybetmez. Olsa olsa ılır. Tabii bira masaya dört kişilik "*pitcher*" denilen ve bir galon bira alan sürahilerde geliyorsa hiç sorun yok. Ilıması da uzun zaman alacaktır.

Bira, içine buz atılarak içilmez. Buz birayı keser. Bir kez soğutulur ve içilir. Birkaç kez soğutulup ısınan biralar dengesini kaybeder, bulanır, tortulanır.

Bira bardakları asla deterjanla yıkanmaz. Bira bardağı suyla çalkalanıp başaşağı getirilerek durulanır ve kurumaya bırakılır. Bezle ya da kâğıtla da kurulanmaz, çünkü ufak elyaflar bardağın iç yüzeyine yapışır. Bardağın içine bira boşaltırken bu elyaflar biranın köpürmesini engeller.

Bira bardaklarının sabun ya da deterjanla yıkanması halinde biranın köpük yapamaması riskini taşıması, kamu sağlığını korumakla görevlendirilmiş kamu otoritelerine hep dert olmuştur. Çünkü, birinin ağzına değmiş olan bardak birazdan başkasına verilecek, bir öncekinde hastalık varsa bulaşabilecektir. Amerika'da 1930'lu yıllarda bazı eyaletlerde bira bardaklarının 100° C suda 10 dakika bekletildikten sonra 80-90° C suda sabunla yıkanması zorunluluğu getirilmiş ama bu uygulama uzun süreli olamamıştır. Birahane sahipleri kalın camdan yapılmış kulplu bardakların her gün % 30 civarında kırıldığını ve bu masrafı müşteriye bira fiyatını arttırarak yükleyemediklerini öne sürmüşlerdir. Uzun yıllar çeşitli uygulamalardan sonra birahanelerde bira bardağını iyotlu kimyasal karıştırılmış suda bekletip durulama usulü benimsenmiş ve bu uygulama yaygınlaştırılmıştır. İyotlu karışımın eklendiği suda bekletilen bardak bütün mikroplardan arınmaktadır. Şimdi her bira servisi yapılan yerde bulunan bulaşık makinesine konulan bardaklar sonunda çok iyi durulama işleminden geçtiğinden deterjan artığı sorunu artık tarihe karışmış bulunuyor.

Bazı birahanelerde çekme biranın bardaktaki köpüğünü alıp başka bardaklara ilave ederler. Bu yanlıştır.

Birayı ilk şişeleyen kişi olan Londra'daki St. Paul's Katedrali başkanı Alexander Nowell, 1563 yılında şişelemiş birayı. Bira şişesi ağzı açık olarak bekletilmez. Oksitlenir ve bozulur. Ağzı iyice kapatılmamış bira bekleyemez, kesilir. Bira kalaysız bakır kapta ne muhafaza edilir ne de sunulur. Zehirlenmeye yol açar.

Birayı şişeden içiyorsanız boğazındaki alüminyum kaplamayı iyice yırtıp akış yolunu açıp temizlemelisiniz. Bira şişenin ağzından dökülürken eğer bu alüminyuma değerse tadı metalikleşir. İşini bilen garson bira şişesinden bardağın yarısını doldurduktan sonra şişeyi bardağın yanına koyar. Bazı müşteriler arada şişeden içmek ister. Şişeden içilen bira daha uzun süre soğuk kalır, ancak, gazının tamamı içinde kaldığı için bardaktan içilen biradan çok daha gazlı olur.

Birayı yalnız başınıza içiyorsanız kuralları kendiniz koyabileceğiniz kadar özgürlüğünüz var demektir. Ancak, birayı en az iki kişi içiyorsanız ya da bir *pub*'da, restoranda ya da birahanede içiyorsanız o zaman kurallara uymalısınız. Temel kural, bardağı kaldırıp karşıdakinin bardağı ile ses çıkacak biçimde temas ettirip "şerefe" demek ve bardak tekrar masaya bırakılıncaya (vuruluncaya) kadar karşıdakiyle göz temasını kaybetmemektir. Bu eski bir ritüeldir ve bira bardaklarının altına konan kalın karton altlıklar bu ritüelin yaygın olduğu dönemlerden kalmadır. Bardağın altının masaya vurulduğunda masanın cilasını zedelemesini önlemek için geliştirilmiştir.

En eski ve en önemli içme ritüeli kadeh kaldırmaktır. İçki içenler kadeh kaldırarak, dostluk ve iyi niyetleri konusunda birbirlerini temin ederler. 11. yüzyıl İngiltere'sinde kadeh şu sözlerle kaldırılırdı: "Gelsin kadehler ve sağlığa içelim, benim gibi iç, bana iç, tam iç, yarım iç ve ben de sana içeyim." 13. yüzyıla gelindiğinde biraz kısaltıldı: "Size içiyorum, siz de için, benim içtiğim kadar." İçki bu sözcüklerin tekrarıyla kutsanmış olur. Tehdit ortadan kalkar, topluluğun, dostluğun, kardeşliğin garantörü ve simgesi haline gelir.

21. yüzyılda da kadehlerimizi kaldırıp tokuşturuyoruz içki içerken. Ancak, bu defa yalnızca "Şerefe" diyoruz.

Bakın, değişik dillerde "şerefe" nasıl deniyor.

Almanca	: *Prost*	İbranice	: *L'chaim*
Arnavutçuk	: *Gëzuar*	İtalyanca	: *Salute*
Çince	: *Ganbei*	Japonca	: *Kampai*
Danimarka dili	: *Skäl*	Latince	: *Bibite*
Esperanto	: *Je via sano*	Norveççe	: *Skäl*
Finlandiya dili	: *Kippis*	Lehçe	: *Na zdrowie*
Fransızca	: *A votre santé*	Portekizce	: *Saude*
Güney Afrika dili	: *Gesondheid*	Romence	: *Noroc*
Hollanda dili	: *Proost*	Rusça	: *Nazdrovye*
İngilizce	: *Cheers*	Sırpça	: *Ziveli*

Galce	: *Iechyd*	Svahelice	: *Hongera*
İrlanda dili	: *Slainte*	Tayvan Çincesi	: *Hotala*
İspanyolca/Katalanca	: *Salut*	Yunanca	: *Ebiba*

Çoğu zaman çeşitli hareketlerle yok etmeye çalıştığımız köpük, aslında biranın tazeliğini kanıtlar ve lezzetini ortaya çıkaran özelliğe sahiptir. Biranın havayla doğrudan temasını önleyerek önce ısınmasını, sonra da çabuk okside olmasını önler. Ayrıca havayla bira arasında izolasyon görevi yapar ve biranın havadaki oksijenle ilişiğini kestiğinden, biranın aromasının uçup gitmesini önler. Böylece biranın nefis aroması bardaktaki içki bitinceye kadar bardağın içinde istifadenize kalır. Eğer köpük umulandan fazla olup da bardaktan taşacağı anlaşılırsa taşma seviyesine geldiğinde işaret parmağınızla köpüğe temas etmeniz kâfidir. Köpük bu mesajınızı derhal anlar, taşkınlığı biter. Olduğu yere çakılır kalır. Aslında köpüğü durduran parmağımız değil, parmağımızın yüzeyinde bulunan beden yağıdır. Köpük yağdan hiç hoşlanmaz. Onun için zıngadank durur.

Bazıları biranın üstündeki iki parmak köpüğü, -iki parmak daha bira koymak yerine bana köpüğü satıyorlar endişesiyle- istemez. Bu yanlıştır. Bira bardakları iki parmak köpük de alacak biçimde tasarlanmıştır. Yani 300 ml'lik bir bardağın 300 ml yazılı çizgisi bardağın iki parmak altında yer alır.

Eğer bira köpürmüyorsa bunun iki nedeni vardır. Birincisi biradan kaynaklananlar: Ya fıçı sonudur ya da birayı çeken kişi, orada bekleyen arta kalanları biriktirdiği bira bardağından yarım bardak koyup üzerine taze çekme ilave etmiştir. Aman, şimdi gidip bira çeken kişiyi dövmeyin. İkinci neden ise bardaktan kaynaklanmış olabilir. Eğer bardak bez ya da kâğıtla kurulanmışsa, bardağın içine yapışmış olan küçük elyaf parçacıkları biranın köpürmesini önlüyordur. Bunu halletmek için ikinci birayı ısmarlarken kurulanmamış bardakta istemelisiniz.

Vasıfsız biralara yeşil vitriol ya da demir sülfat koyularak bol köpük elde edildiği de -esefle bildiririz ki- doğrudur.

Birayı birahanede içiyorsanız zaten çekme birayı onlar hangi uygun bardağa koyacaklarını bilirler. Sizin müdahale etmenize gerek olmaz. Eğer restoranda yemek öncesi ve yemekle içecekseniz *lager* biranızı çok ince camlı ayaklı bardağa doldurmalarını isteyebilirsiniz. Bu takdirde biranızın soğukluğunu daha uzun süre tutabilirsiniz. Eğer kır kahvesinde, *pub*'da, meyhanede ya da evdeyseniz tavsiyemiz lager biranızı şişeden içmenizdir. Çünkü soğukluğunu en iyi böyle devam ettirebilirsiniz. Unutmayın en ince bardak bile (soğutulmamışsa) biranızı ılıtacaktır.

Bira bardaklarının hacmi büyüdükçe camı da kalınlaşır. 250 ve 300 ml'lik *lager* bardakları gerek lale ve şarap bardağı gibi ayaklı olsun, ince camdan yapılmışlardır. Böylece bardak soğutulmadan gelse de dolaptan yeni çıkmış soğuk biranın ısısını minimum emerler. Hatta ayaklıları bardak elde tutulurken elin sıcaklığının bardağı ılıtmaması için düşünülmüştür. Tabii bu lager tipi, yani 3-6° C'de servisi yapılması gereken biralar içindir.

Bundan öteye hacim fazlalaştığı oranda cam kalınlaşmakta ve bunu avuçta taşımak sorun haline geleceğinden, bardaklar kulplu olmaktadır. 300 ml, 500 ml ve bir litrelik kulplu bardaklar hep aynı biçimde tasarlanmıştır. Kalın camlı ve özellikle bardağın dibinde apartman topuk gibi duran koca bir cam kütlesi.

İşte işin sırrı burada. Kalın cam bardak dolapta soğutulduğunda camı ne kadar fazla bir kütle oluşturuyorsa o kadar fazla soğuyor ve soğukluğu muhafaza edebiliyor. Bira bu kabın içine konunca, bardağın kalın camlarından yayılan enerji birayı uzun bir süre soğuk tutmaya yarıyor.

İşte bu yüzden, nerede olursa olsun biranızı ısmarlarken soğutulmuş bardak olup olmadığını sorun. "Var" ise, alacağınız ilave keyfin komisyonu olarak bir yudum bira da benim için içmenizi dilerim.

Yukarıda anlatılanların tamamı *lager* stili biralar içindir. *Ale* stili biralar için özel bardak vardır. Bu bardaklar yarım ya da bir *pint* (bir *pint* yaklaşık 500 ml) hacimdedir ve ince camdan yapılmıştır. Şekilleri ise bizim klasik su bardaklarının büyüğü yani yukarı doğru sapı genişleyen silindir şeklindedir.

Kutu birayı zaten piknikler ve diğer zorunlu haller haricinde içmek pek keyif vermeyecektir. Ama şunu unutmayın: Kutu bira içiyorsanız mutlaka bardak kullanın. Çünkü alüminyumun üst yüzeyinin siz dudağınıza götürmeden önce neyle temas ettiğini bilemezsiniz. Piyasada 33 cl ve 50 cl'lik kutu biralar satılıyor.

İlk alüminyum kutu bira 24 Ocak 1955'te Virginia'da icat edildiyse de kullanımındaki zorluklar yüzünden üretime sokulamadı. Bugün kullandığımız alüminyum kutu bira ilk defa 1960'da ABD'li Pittsburgh'lu Iron City Bira Fabrikası tarafından bulundu. Virginia eyaletinde deneme satışına sunuldu. Kapağını açarken parmakları zedeleyen bu ilk sistem, Dayton, Ohio'lu mühendis Clean Fraze tarafından 1963 yılında bugünkü pratik ve kullanılır haline getirildi.

Thomas Mann'ın aynı adlı romanındaki Buddenbrook ailesi, Bavyera'lıları bira ayyaşları olarak küçümser. Çünkü yüzyıllar boyunca Fernand Braudel'in eserlerinde ortaya koyduğu gibi şarap, asillerin, bira avamın içkisi olmuştur.

Bira o kadar "avam içkisi" damgası yemiş ki, bazen nezih çevrelerde iyi şaraplar eşliğinde güzel yemekler yemeyi bir hayat tarzı haline getirmiş olanların bile canının bira çekmesi hayretle karşılanıyor. Haber oluyor. Hatta, Kanat Atkaya *Hürriyet Gazetesi*'ndeki köşe yazısına bunu konu yapıyor. Gerisini Kanat Atkaya'dan dinleyelim:

> *"... Danone Uluslar Kupası'na katılmak üzere Paris'e gidiyorum. İzin almadan gitmek olmaz diye Ertuğrul Özkök'ü aradım ve durumu söyledim. "İyi git. Ya, senden bir şey isteyeceğim" dedi.*
>
> *İçimden "Şarap isteyecek, tabii, ne isteyecek ki!*
>
> *İnşallah çok pahalı bir şey istemez. Pahalı olursa isterim parasını. Yok isteyemezsin, utanırsın. Amaaaan!" diyorum.*
>
> *Durdu, uzun süre boşlukta bir noktaymışım gibi yüzüme baktıktan sonra "Bana oradan Kronenbourg 1664 getirsene" dedi.*
>
> *"Ama o bira!" dedim boş bulunup.*
>
> *"Ukalalık etme, biliyorum bira olduğunu" dedi.*
>
> *"Kendinize mi istiyorsunuz, şaka mı yapıyorsunuz?*
>
> *Kamera nerede?" filan dedim. Sonra baktım, ciddi ciddi bira istiyor.*
>
> *"Abi, siz yıllardır bira içtiğim için benimle "Holigan oldun sen iyice" diye dalga geçmiyor muydunuz? Bira halk içkisi, çevreniz duyarsa kafa bulur sizle" dedim.*
>
> *"Yok, ben Kronenbourg 1664 istiyorum" dedi.*
>
> *"Günah benden gitti" dedim ve odadan çıktım..."*

Bu bölümün başında buzdolabına koymuş olduğunuz bira bardağı soğumuştur. İşte şimdi tam sırası. Gidin buz gibi biranızı buğulanmış bardağınıza koyup ilk yudumu çekin. Havanız da sıcaksa, işte serinlik.

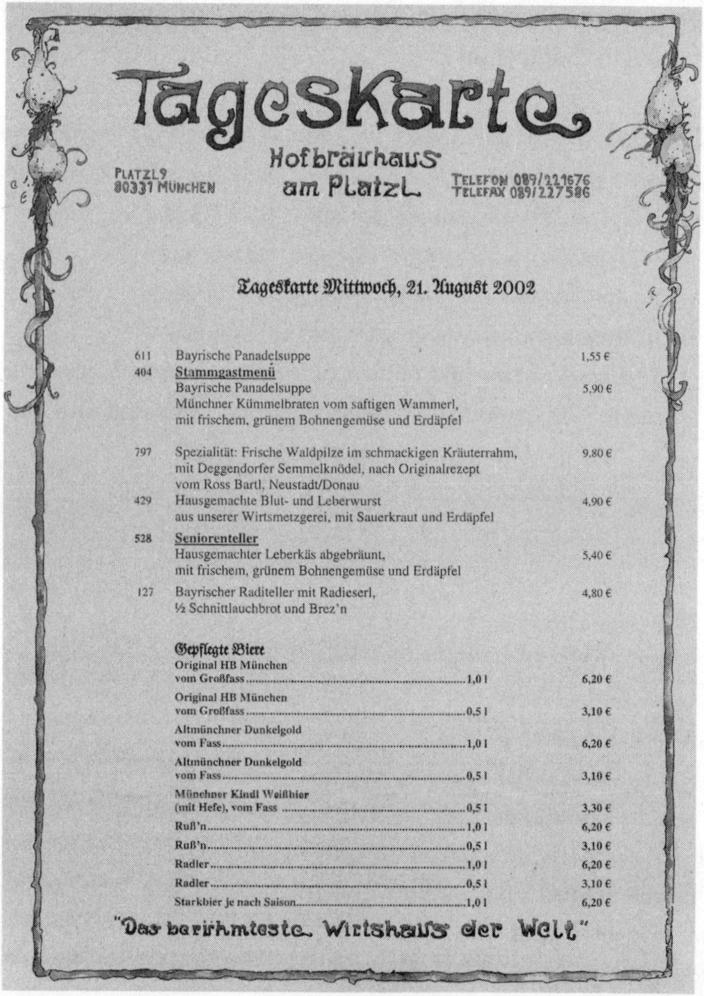

Tageskarte

Hofbräuhaus am Platzl

Platzl 9
80331 München

Telefon 089/221676
Telefax 089/227586

Tageskarte Mittwoch, 21. August 2002

611	Bayrische Panadelsuppe	1,55 €
404	<u>Stammgastmenü</u>	
	Bayrische Panadelsuppe Münchner Kümmelbraten vom saftigen Wammerl, mit frischem, grünem Bohnengemüse und Erdäpfel	5,90 €
797	Spezialität: Frische Waldpilze im schmackigen Kräuterrahm, mit Deggendorfer Semmelknödel, nach Originalrezept vom Ross Bartl, Neustadt/Donau	9,80 €
429	Hausgemachte Blut- und Leberwurst aus unserer Wirtsmetzgerei, mit Sauerkraut und Erdäpfel	4,90 €
528	<u>Seniorenteller</u>	
	Hausgemachter Leberkäs abgebräunt, mit frischem, grünem Bohnengemüse und Erdäpfel	5,40 €
127	Bayrischer Raditeller mit Radieserl, ½ Schnittlauchbrot und Brez'n	4,80 €

Gepflegte Biere

Original HB München vom Großfass	**1,0 l**	**6,20 €**
Original HB München vom Großfass	**0,5 l**	**3,10 €**
Altmünchner Dunkelgold vom Fass	**1,0 l**	**6,20 €**
Altmünchner Dunkelgold vom Fass	**0,5 l**	**3,10 €**
Münchner Kindl Weißbier (mit Hefe), vom Fass	**0,5 l**	**3,30 €**
Ruß'n	**1,0 l**	**6,20 €**
Ruß'n	**0,5 l**	**3,10 €**
Radler	**1,0 l**	**6,20 €**
Radler	**0,5 l**	**3,10 €**
Starkbier je nach Saison	**1,0 l**	**6,20 €**

"Das berühmteste Wirtshaus der Welt"

Münih'in ünlü Hofbrauhaus'unun mönüsü.

bira ve yemek

"Fermentasyon, ateşin icadından daha büyük bir buluştur."
David Rains Wallace

Bu konuda ilk akılda tutulması gereken şu: Hafif biralar hafif yemeklerle, sert biralar ise yağlı yemeklerle içilmelidir. İkinci akılda tutulması gereken ise aynı bölgenin birasıyla aynı bölgenin yemeğinin yenmesidir. Örneğin, Şnitzel söylemişseniz bir Viyana ya da Salzburg birası uygun düşebilir. Bu yöresel uyum en çok bira ile peynir seçildiğinde yararlı olur. Eğer İngiliz *cheddar* ya da *stilton* peyniriyle bira içecekseniz yine İngiliz *strong ale* tavsiye edeceğim.

Genel olarak biranın mezesi katı yiyeceklerdir. Nasıl ki rakı ile en uyumlu mezeleri sayarken beyaz peynir ve kavun baş sırayı alıyorsa, biranın vazgeçilmez sıra başı mezesi tartışmasız kızarmış patatestir. Eğer aperatif olarak ya da uzun

uzun ama yemeksiz içiliyorsa, patlamış tuzlu mısır, tuzlu kraker, çerez, tuzlu yer fıstığı, patates cipsi, mısır cipsi, kızarmış patates, küp doğranmış ya da pane kaşar peyniri ya da kroket çok güzel olur. Cipsler ve kızarmış patatesin yanına çeşitli dipler (salçalar) koyulabilir ve banılabilir.

Birayla tuzlu yer fıstığı yeme alışkanlığı en fazla Romanya ve Ukranya'dadır. Patates kızartmasına değişik ülkeler değişik adlar takmışlar: Fransa'da "*pommes frites*", İngiltere'de "*chips*", Amerika'da "*french fries*" ya da "*freedom fries*", Almanya'da ise "*kartoffel*" diyorlar. Kimi yerde ketçap, hardal ya da ikisi birden, kimi yerde de yanına bir şey koymadan tuzlukla getiriyorlar. Şimdi bir de kabuklu patates modası çıktı. Belçika'nın da patates kızartması meşhur. Kendine özgü bir çeşit mayoneziyle servis yapılıyor. Haşlanmış midye tabaklarının vazgeçilmez eşlikçisi. Bizim cips dediğimiz çok ince dilimlenmiş çıtır patateslere ise İngiltere'de "*crisps*" Amerika'da ise "*patato chips*" diyorlar.

Yurtdışında biranızın yanına tuzlu kraker isterseniz "*Japanese rice crackers*" demelisiniz.

Bir de Londra'da Hintliler "*Bombay mix*" diye bir çerez yapıyorlar. İçinde makarna, mercimek, fındık, fıstık, acı biber, ne ararsanız var. İşte bu acılı meze-çerezle birlikte Guinness birasının tadına doyulmuyor.

Portekiz'de bazı eski barlarda, garson biranızı masaya koyarken yanına bir çanak içinde çok değişik bir geleneksel çerez bırakıyor. Tuzlu, kurutulmuş balık dili. Buna "*linguas bacalhau*" deniyor. Son derece lezzetli.

İstanbul Maçka'da Taps birahanesinde özel peynirle ılık servis yapılan bir değişik dip var, mısır cipsiyle birlikte veriyorlar. Banıyorsunuz ve buğday birası ya da *Vienna lager* ile birlikte şölen oluşturuyor.

Eğer bira yemekte içilecekse, peynirli muska ya da sigara böreği, kızarmış sosis (çavdar ekmeğiyle), haşlanmış sosis, küçük (*mitite*) köfte çok iyi gider. Gastronomik açıdan her türlü fırınlanmış, *grill* ya da kızartılmış et, birayla iyi gider. Tabii birayla en iyi gidecek et, tavuk etidir. Hele bütün olarak çevirmesi (kızartması) ya da *baget pane* olursa. Acılı piliç kanatları, piliç ızgara, tavuk şnitzel de geri kalan güzelliklere örnekler.

İngilizler sığır etiyle bira içmeyi gelenek haline getirmişler.

Biftek, rosto, tas kebabı gibi kırmızı etin hâkim olduğu yemeklerde hazmı kolaylaştırması beklenen ağır *dark* biraları tercih etmelisiniz.

Peki, tavuk ve av etleriyle hangi birayı içeceğiz? Onlarla da tatlı malt biraları içmemiz gerekiyor. Tabii kızartılmış balık, midye tava, karides pane de öyle.

Kızarmış sosisi pişirmeden önce en az iki saat biraya yatırmalı, sonra çıkartıp kızartmalı. Tercih *bratwurst*'tan yana olmalı ve yanında Märzen birası.

Kabuklu deniz ürünleriyle biranız sek *porter* ya da *stout* olmalı. Örneğin istiridyeyle Guinness birası çok güzel bir uyum sergiler. Ancak haşlanmış midye tabaklarıyla tavsiye edeceğimiz bira, Belçika *gueuze* biralarıdır. Ana yemek olarak dil balığı mı söylediniz? Hemen açtırın bir *grolsch* birası. Çok iyi gider. Havyarı da, *pilsner urquell* ile denemelisiniz.

Mangalda et yapıyorsunuz. Şimdi yanına nasıl bir bira açacaksınız? İsli bir bira çeşidi olmalı. *Pale ale*, *porter* ya da *stout*. Canım lafın gelişi söyledik. Burası Türkiye. Tabii ki hangi birayı bulursanız onu içeceksiniz.

Birayla pizza beraberliği de çok uyumlu oluyor. Pizzayla en iyi uyu-

mu Märzen ile sağlayabilirsiniz.

Yemeğin sonunu çikolatayla tamamlamak istiyorsunuz. Yanına bira seçeceksiniz. Çikolatanız *bitter* olmak kaydıyla biranız mutlaka tatlı bir malt olmalı. Eğer bulabiliyorsanız *imperial stout*'u deneyebilirsiniz. Bu biranın çikolata ve kahveli bir aroması var. Thomas Hardy's, Mc Ewan's Export Scotch Ale biraları da olabilir.

İstanbul'da birayla Alman usulü bir keyif çatmak isterseniz üç yer var tavsiye edebileceğim. Biri Yeşilyurt'taki Polat Renaissance Oteli'ndeki Bierstube Restoranı, diğeri ise Belgrat Ormanı'nın içinde yer alan Bahçeköy'ü Kilyos istikametine doğru geçtikten sonra sağdaki Hilde Restoran. Burada Alman sosisiyle patates salatası eşliğinde biranız bir başka lezzete kavuşuyor. Sonuncusu ise yeni açılmış olan Inge Restoran. Harbiye'de Kenterler Tiyatrosu'nun sırasında.

Bira az alkollü olduğu ve koku da sindirmediğinden iş için verilen öğle yemekleri için biçilmiş kaftandır. Ancak, 300 ml'yi ya da iri cüsseliyseniz en fazla 500 ml'yi geçmemekte yarar var. Aksi halde büroya dönünce mahmurlaşır, esnemeye başlayabilirsiniz. Tabii bu durumunuz koltuğunuzda gözü olup da fırsat kollayan rakibiniz için kaymaklı ekmek kadayıfı pozisyonu yaratacaktır.

• Bira, yazın daha çok aranmasına, meşrubat olarak içilmesine rağmen kavun, karpuz ve diğer meyvelerle içilmez.

• Bol soslu, sulu yemeklerle ve hele çorba, cacık, kompostoyla birlikte olmaz.

• Kebapla ve ağır yemeklerle de bira uymaz.

Bir de birayı şaraptan sonra içmemelisiniz. Bira şarap öncesinde aperatif olarak evet ama şarap sonrasında asla.

Almanlar bu yasağı anlatmak için bir de tekerleme yapmışlar:

Biranın üstüne şarap
Bu sana tavsiyem
Şaraptan sonra bira
Bırak kalsın orada

Bomonti Bira Bahçesi

bira keyfi / birahaneler

"Bira saatine kadar çalışırım"
Stephen King

Siz birayı ilk nerede içtiniz ben bilemem ama ben size ilk birayı nerede içtiğimi söyleyebilirim. Ben birayı ilk kez, babamın beşiğini tıngır mıngır sallarken... Hayır, babamın dizinde otururken evde keşfettim. Babam bazı akşamlar bira içtiğinde (ben beş yaş civarında olmalıyım) "benim erkek oğlum bir çeksin bakayım" deyip bana bir kaç yudum birasından içtirirdi. Bira içen erkek çocuğun, böyle erkekçe beslendiğinde erkek olacağına inanmış olabilir.

Sonra bazı Cumartesi günleri Şişli'ye berbere tıraş olmaya gittiğimizde, berberden çıkıp doğruca yürüyerek Bomonti Bahçesi'ne giderdik. Orada babam askerlik arkadaşı Feridun'la buluşurdu. Yıl 1957 civarı olmalı. Ben de sekiz yaşımda olmalıyım.

Garsonlar aldıkları meze siparişini kaydederken, arada verdikleri kaş göz işaretiyle masanın kenarına iki meşin şeritli rahle gibi bir sehpa açılır ve buz gibi 5 litrelik fıçı bira üstüne yerleştirilirdi. Aklımda kalan seremoniyle de, bir metal saplanarak açılan deliğe, bir ahşap musluk oturtulurdu. İsteğe uygun olarak kulplu arjantin bardaklar ya da normal 300 ml bardaklar masada bira kuyruğuna girerdi. Tabii sakiliği kimseye kaptırmaz, ben yapardım. Zaman zaman babam hizmetimin karşılığı olarak mı yoksa erkek rolünü benimseyip sevmem için mi bilemeyeceğim, beni kendi bardağından ikram ettiği bir iki yudum bira ile ödüllendirirdi.

Biranın ilk yudumunun önemi vardır. Öpücükten sonra kalan ruj izi gibi, bira köpüğü de siz bardağı öptükten sonra dudaklarınızın kenarında takılı kalır. Bazen de dudağınızın üstünde köpükten bir bıyık oluşturur. Kimi bunları dert etmez, kimi ise elinin tersi ile sıvazlayıp yok eder.

Biranın ilk yudumunu bakın Philippe Delerm nasıl anlatıyor:

Biranın ilk yudumu. Önemli olan tek şey budur, öteki yudumlar gittikçe uzar, gittikçe anlamsızlaşır, yalnızca uyuşukluk, pelteklik, baştan savma bir dil çözülmesi belirir insanda. Belki son yudum, bitirmenin düşkırıklığıyla insanda o herşeyi yapabilecek gücü yaratır yeniden.

Oysa ilk yudum öyle mi? Yudum? Bu, ağıza alınmadan çok önce başlar. Köpükle büyüyen o serinlik, o köpüklü altın renk dudaklardayken, ardından ağır ağır damakta acılıktan arınmış mutluluk, hazza dönüşür, ilk yudum ne kadar uzun gelir insana! Yapay, bilinçli bir açlıkla dikiverirsiniz birden. Aslında önceden bilinir herşey: İdeal başlangıç, ne çok aşırı ne de çok az miktar. Bir iç çekişle, bir dil şapırtısı ya da onlara eşdeğer bir sessizlikle çekici duruma getirilmiş ani bir huzur. Sonsuzluğa açılan bir zevkin aldatıcı doyumu... Bunu önceden bilirsiniz aynı zamanda. Bütün en iyi şeyler üstün tutulur. Kadehinizi yerine koyar ve kurutma süngeri görevini gören küçük kare biçimindeki bardak altlığından biraz öteye bırakırsınız hatta. Katkılı bal renginin soğuk güneş renginin tadını çıkarırsınız. Tamamen bir bekleyiş ve bilgelik kuralıyla, hem az önce oluşmuş, aynı zamanda da kaçıp gitmiş olan mucizeyi dizginlemek istersiniz. Ismarlanan biranın tam adını okursunuz kadehin üstünde. Oysa içerik ve kap birbirlerini sorguya çekebilir, birbirlerine bol bol karşılık verebilir, hiçbir şey çoğalmayacaktır artık. Ama güneşin yer yer yansıdığı küçük, beyaz masasının önünde düşkırıklığına uğramış simya-

Birayla yapılan keyifli bir kutlamanın eski bir fotoğrafı.

cı, yalnızca görünüşü kurtarır ve gittikçe azalan bir neşeyle daha çok bira içer. Acı bir mutluluktur bu. İlk yudumu unutmak için içer insan.

Selim İleri ise erken gençlik yıllarında bira ile tanışıklığını şöyle anlatır:

Babamla giderdik. Plaj lokantasının lacivert-beyaz tentesi, denizden gelen esintiyle, çırpınır dururdu. Lokantada oturanların önünde bira şişeleri. O zamanlar Efes Pilsen, Tuborg var mıydı? Herhalde Tekel Birası'ydı.

Biraya lise sondayken dadanmıştım. Ölçüyü kaçırıp, meyhane taburesinden devrildiğim günden sonra, nice zamanlar biradan enikonu soğudum. Fena çarpıyor.

Sonra votkalı birayı tattım. İkisi de buz gibi. Votka, biraya karıştırılıyor. İçerken kaygan ve pek güzel. Derken başınız hafiften dönüyor. Kesmeyi biliyorsanız, lezzetli bir karışım. Bilmiyorsanız, tabureden ikinci kez devrilmek ihtimali pek yüksek.

Bira her zaman halk içkisi olmuştur. Her dönemin ünlü yazarları eserlerinde şarabı ve üzümü öne çıkartmıştır. Kimse çıkıp da arpa ve şerbetçiotuna övgüler yağdırmamıştır. Buna rağmen yine de bira en toplumsal ve uzun içilen içki olmuştur. Düşük alkol oranı, yazın serinletici özelliği, besleyiciliği ve ucuzluğu birayı doğal olarak geniş kitlelerin içkisi haline getirmiştir. Tabii kadınlar hariç. İşin ilginç tarafı binlerce yıldır kadın ellerinde yapılan bira, kadınlar tarafından içilmemektedir. Nedense kadınlar birayı bir türlü sevmemiştir. Bazıları kadınların birayı kilo aldırıcı ve bira göbeği yapması tehdidi yüzünden dışladıklarını öne sürer.

Dilerseniz, şimdi de Osmanlı'nın son zamanlardaki birahanelerine bir göz atalım.

1888 yılında İstanbul'da, 15'i Beyoğlu'nda, sekizi Galata'da, sekizi de diğer semtlerde olmak üzere toplam 31 birahane vardı.

1894 yılına geldiğimizde İstanbul'da 33, İzmir'de beş, Selanik'te dört, Ankara'da üç birahane vardı.

1914 yılında İstanbul'daki birahane sayısı 40'a, 1921'de ise 52'ye yükselir.

Bu arada 1906-1910 arasında Edirne'de de bir birahane var. Adı da Brasserie Bomonti'dir.

Osmanlı'nın son zamanlarında 1. Dünya Savaşı süresince oluşan Türkiye-Almanya siyasi yakınlaşması sonucunda kültür yakınlaşması da doğuyor. Birahanelere rağbetin arttığını ve buraların eşrafın gittiği lüks yerler olarak tanımlandığını görüyoruz.

Galata'da bulunan meyhanelerin arasına ilk açılan birahane 1885 yılı civarında "O Vosporos" (Boğaziçi) ya da o zamanki müdavim Galata ticarethanelerinin tüccar ve üst düzey çalışanlarının tabiriyle "Nikoli'nin Birahanesi" oldu.

Burada biranın yanında turp, kalamata zeytini, ton balığı, kaşar ve gravyer peynirleri, çiroz, ançuez, dil füme, taratorlu midye tava, midye pilaki ve beyin salatası vs mezeler sunuluyordu.

Galata'nın ikinci birahanesi ise "To Vizandio" idi. Burada, Bomonti birasının yanı sıra Viyana ve Belgrad biraları satılırdı.

Yine Galata'da Yeni Dünya, Serafim Sponek, Anatoli, Altın Boynuz ve Lala'nın birahaneleri 20. yüzyılın başında faaliyet göstermiştir.

Aşağıda Sait Naum Duhani'nin *Beyoğlu Pera iken* kitabından alıntıyla, yüzyıl başındaki eski İstanbul birahanelerinin renkli bir profili çiziliyor. İşte Duhani'nin akıcı kaleminden birkaç "fırça darbesi"...

> *Temsil çıkışında Pera sosyetesinden bir bölüm "Tokatlıyan'a çiçeklerle bezenmiş Özel odalarda geç vakit yemek yemeğe gider, Serkldoryan'ın aboneleri olan baylar ise, ailelerini ya da davetlilerini bir aile babası kakaosu tattırmak üzere Kulüp'ün salonlarına götürürlerdi.*
>
> *Seyircilerden hali vakti yerinde olanlar ise Pera'nın sayısız birahanelerine dağılırlar ve elleri ayakları bağlı, kendilerini uyku perisinin kollarına terketmeden önce, karınlarını doyururlardı. Eski İstanbul'da çeşitli ordövrleriyle ve en güç beğenir damakların bile tadına varacağı çeşitli mezelerle siyah ve sarı biranın su gibi aktığı belli başlı merkezler vardı. Bunlar...*
>
> ***İsviçre birahanesi:*** *Diğer adıyla Nicoli, Guillaume Tell'in yurttaşlarının buluştuğu bir mekândı. Bunların İstanbul'daki en önemli temsilcisi, Anadolu Demiryolları Genel Müdürü Mösyö Hugunen, ünlü bir gedikliydi, Nicoli'de Şövalye içer, Lebon'da da şampanya yudumlardı.*

Viyana birahanesi: *Alman, Avusturya ve Macaristanlılar'ın egemen olarak hüküm sürdüğü bir yerdi ve menüsünün başka bir yerde benzeri yoktu. Özellikle de Türkiye hizmetindeki Alman subaylar buraya sıkça gelirlerdi.*

Strasbourg birahanesi: *En çok III. Cumhuriyet yurttaşlarının ve sayıları pek kabarık olan dostların gittiği bir yerdi. Fransız muhabirler, gazeteciler ve profesörler burada boy gösterirlerdi.*

Anadolu birahanesi: *Arnavutköy istiridyelerini hazırlamakla ünlüydü ve ayrıca çok güzel öten bülbülleriyle ve canlı kırmızı balıkların doldurduğu akvaryumu ile de tanınırdı. İstanbul'a birahaneleri getiren kişi Alman Bruchs olmuştur. Bugünkü Londra Bar'ın olduğu yerde bir tezgâh açmıştı.*

Harpten sonra birahane modası da yerini Fransız stiline bırakıyor ve birahanelerin bir kısmı tekrar "*Café*"ye ya da "*Patisserie*"ye dönüştürülüyor. Ne de olsa Almanya savaştan yenik çıkıyor. Anlaşılan kültürde moda hep kazanandan yana.

İşte o dönemde Beyoğlu'nda Jannı Birahanesi, İzmir'de Kraemer ve Elhamra birahaneleri her gece dolup taşmaktaydılar.

O günlerde Çekoslovak, İngiliz, Alman ve Macar biralarını belli başlı birahanelerde içmek mümkün. Hatta birahaneye dönüştürülmüş olan Au Luxe Şekerleme ve Pasta Salonu'nda o dönemin en ünlü biralarından sayılan Sırp birası Yogdina'yı bile bulabiliyorsunuz. Yıl 1898.

Ali Fuat Cebesoy, *Sınıf Arkadaşım Atatürk* adlı kitabında, Harp Akademisi'nde öğrenciyken Mustafa Kemal ile birlikte hafta başı okuldan izinli çıktıklarında uğradıkları Zeuve birahanesi anılarını şöyle anlatır: "Yaz mevsiminde Beyoğlu'nda çoğunlukla Zeuve birahanesine gider, burada nefis Alman birası içerdik. Birahane'nin sahibi emekli bir Alman assubayı idi ..."

Cumhuriyet'in ilk yıllarında ise "bira bahçeleri" geleneği başladı. Kalamış'taki Todori Birahanesi, Ankara Bira Fabrikaları'nın bahçesi, İzmir Halkapınar'daki bira bahçesi ve İstanbul'da Bomonti Bira Fabrikası'nın "Bomonti Bira Bahçesi" 1960'lı yıllara kadar faaliyetini sürdürüyor.

Ziya Osman Saba, "Yaz Gezintileri" adlı öyküsünde Bomonti Bira Bahçesi'ni anlatıyor: "Garson, mermer masanın üstüne bir şişe bira ve francalasıyla birlikte iki ayrı tabakta, iki dilim kaşar peyniri bırakırdı. O zamanki Bomonti -yalnız Bomonti mi ya? Yanında bir de Nektar kelimesi yok/muydu?- biraların ağzı, şimdiki biralarda olduğu gibi kapsülle kapatılmadığından, kendinden kapaklı şişeyi mutlaka garsonun açmasına hacet kalmazdı."

Ülkemizde bira kültürünün yerleşmesinde ve yayılmasında bira fabrikaları ve bira bahçelerinden belki de daha fazla Çiçek Pasajı'nın emeği geçmiştir. Onun için bu kitapta mutlaka onun da yeri önemine uygun bir ölçüde olmalı. Bize pasajın tarihini bırakalım da bu konudaki en yetkin kişi olarak bilinen Eser Tutel anlatsın:

> *... Nasıl İstanbul'un merkezi Beyoğlu ise, pek çok kişinin gözünde Beyoğlu'nun da ortası, sanki bu tarihi Çiçek Pasajı idi. Eskiden Pera'nın bu kesimi bağlık, bahçelik, kırlık, bostanlık yerlermiş. Hemen karşısında Galata Sarayı, yani eski Enderun, yeni Tıp Mektebi... Yanı başında da yüksek duvarlarla çevrili İngiliz elçiliği... Biraz aşağısı ise, Tarlabaşı... Adı üstünde, tarlaların başlayıp, ta Kasımpaşa'ya kadar indiği geniş arazi... Bugünkü İstiklal Caddesi'nin, yani Cadde-i Kebir'in yavaş yavaş oluştuğu daha sonraki yıllarda, tam bu noktada Opera Naum adlı büyük bir tiyatro binası inşa edilmiş. Ama ahşap olan bina 1853'te yanmış. Sonra, yerine yeniden daha büyük, daha görkemlisi yapılmış. Bu cadde baştan sona ilk kez Dolmabahçe Gazhanesi tarafından gaz lambalarıyla aydınlatıldığı zaman, takvimler 1856'yı gösteriyormuş. (1940'lı yıllar-*

da, Kuledibi taraflarında hâlâ bu sokak fenerlerinden birkaçının durmakta olduğunu görmüştüm.)

Bu muhteşem tiyatro binasında opera izleyeceği akşamlar atına Dolmabahçe Sarayı'ndan binen Sultan Mecit, hep yerlere serilen halıların üzerine basa basa geçerek bugünkü Galatasaray'a gelirmiş. Bir ihtişam, bir debdebe! Sanırsınız ki Pera, operası, restoranları, gösteri yerleri ve malum evleriyle o günlerin ikinci Paris'i...

Ama bu görkemli Naum Tiyatrosu da 1870 yılının 5 Haziran günü çıkan büyük Beyoğlu yangınında bir kez daha alevler arasında kalarak kül olunca, sahibi böylesine büyük bir inşaatın altından kalkamayacağından, yerine bir daha yenisini yaptıramamış.

Bu geniş arsada, 1875-76 yıllarında, Sultan Hamit zamanında, sarayın sütçübaşılığından bankerliğe terfi eden Hristaki Efendi tarafından bugünkü bina inşa ettirilmiş. Ama bu seferki ahşap olmayıp, baştan sona kârgirmiş. Binanın altında, iki sıra dükkânların dizildiği L şeklinde bir de pasaj varmış. "Cité de Pera" adı verilen bu bina, daha sonra 1908'de, dokuz kez sadrazamlık yapan Küçük Sait Paşa tarafından satın alındıktan sonra buraya, önceleri Hristaki Pasajı denirken, Sait Paşa Geçidi de denmeye başlanmış...

Pasaja "Çiçek Pasajı" adının verilmesi ise, Mütareke günlerine rastlıyor. Dendiğine göre, istanbul'u işgal eden İngiliz ve Fransız askerleri, Beyoğlu'nda çiçekçilik yapan Beyaz Rus kızlarına sırnaşıp sataştıkça, kızlar da bu pasaja dalarak gözden kayboluyorlarmış. Kısacası pasajın çiçekle ilgisi, bu çiçekçi Beyaz Rus kızlarıyla başlamış.

1950'li yıllarda (2003 yılında kaybettiğimiz) Madam Anahit'i akordiyonu ile Çiçek Pasajı'nda müşterileri La Paloma ve Komparsita çalarak eğlendirdiğini görürüz. Madam Anahit Terziyan vefat ettiği aya kadar her gece çalışmayı sürdürmüştür. Son zamanlarda Çiçek Pasajı yerine Nevizade So-

Madam Anahit Çiçek Pasajı'nda

kağı'ndaki meyhanelerde çalmayı tercih ederdi. Tabii Paganini Bülent'in keman sololarını da unutamadığımızı belirterek onu da yad ile anıyoruz.

Eser Tutel bu defa Pasaj'ın Cumhuriyet tarihini kendine özgü üslubu ile anlatıyor:

> *Çiçek Pasajı'nda berber vardı, tuhafiyeci vardı, çiçekçi vardı da hiç mi birahane yoktu?*
>
> *Vardı elbette... Hem de bir değil, birkaç tane birden vardı. Üstelik de, o günleri görenlere, "Neydi o eski birahaneler!" dedirtecek kadar renkli, değişik özellikleri olan yerlerdi bunlar. Tıpkı vapura girmek üzere Karaköy'de akşamcıların uğramadan edemedikleri, birkaç kadeh atmadan da vapura gidemedikleri Tokatlı Birahanesi gibi, Çiçek Pasajı da Be-*

yoğlu'na çıkanların, önünden geçerken içeriye girmeden edemedikleri birahaneleriyle nam salmıştı...

Hatırladığım kadarıyla o yıllarda yalnız Tekel, o zamanki adıyla İnhisarlar İdaresi'nin birası vardı: Şişede ya da fıçıda... Fıçı birası daha taze, daha güzel olurdu; ya Bomonti bahçesinde bulunurdu ya da birahanelerde... Malum, şarabın eskisi, biranın tazesi makbul sayılır. Evlerde, lokantalarda hep o içilirdi. Arada bir, şişeden siyah bira çıkarsa kendinizi şanslı sayabilirdiniz... Pasaj'da önce Rum berber kapısına kilit vurdu, yeri çok geçmeden birahane oldu... Arkasından Ermeni tuhafiyeci kepenklerini indirdi... Düğmeler, çıtçıtlar, çoraplar, mendiller, ara ki nerede... Yerinde, tabii ki yine birahane... Çiçekçi ile cenaze levazımatçısı, bir süre daha dayandılarsa da, onlar da sonunda pes edip birahanelerin istilasına boyun eğmek zorunda kaldılar.

Mor çiçeklerle süslü çelenklerin yerinde sıra sıra fıçılar; masalarda kocaman, kulplu bardaklarda, üstü köpüklü sapsarı biralar.. Kara kara tabutların olduğu köşede de midyeler, karidesler, plakiler, et soteler. Bir de bakıverdik ki, pasajda her yer birahane olup çıkmış!...

Seyyar kokoreç ocağının başındaki, meraklı kokoreççi beyaz gömleğinin sırtına herkes görsün, bilsin diye yeşil iplikle Behçet diye adını işletmişti... Midyeci Haydar da az enteresan bir tip değildi hani! Evinde pişirip gaz tenekesinin içinde Pasaj'a getirdiği o nefis midye dolmalarına nasıl da bol karabiber serperdi! Ve herkes onun gecenin geç saatlerine kadar, midyelerini satıp bitirmedikçe ağzına rakının katresini koymadığını bilirdi.

Garson Mehmet... Adı, nedendir bilinmez, "Avrupalı"ya çıkmıştı. Bir de "Köylü" vardı, yaşı ilerlemiş bir komi... "Fırlama", "Andavallı" ve de "Yenişehirli"... Herkese "Ekselans!" diye hitap eden garson Cahit de Pasaj'ın ilgi çekici tiplerindendi. 1943'te komilikle başladığı mesleğinde patronluğa kadar yükselecekti. Yıllar önce servis yaptığı öğ-

Cihat Burak'ın fırçasından "Çiçek Pasajı"

rencileri yıllar sonra adıyla, lakabıyla hatırlaması herkesi şaşırtırdı. Boşuna ona "Entelektüel" lakabını takmamışlardı: Her konuda konuşur, fikir yürütür, üstelik size de kabul ettirirdi...

1978 yılının 10 Mayıs'ını 11 Mayıs'a bağlayan gecesiydi. Günün ışımasına yakın, saat 04.00'e doğru birden bir sarsıntı, bir gürültü, bir toz, bir duman... Koca fıçılar, mermer masalar, rakılar, votkalar, patatesler, tavalar, doğranmış salatalar, hepsi hepsi kendiliğinden çöken koca hanın enkazı altında kaldı.

Yıkılan katlar yıkıldı, kalan duvarlar bizimdir hesabı, "Cité de Péra"nın önce enkazı temizlendi, arkasından da 1986'da binanın ayakta kalan kısmının onarımına geçildi, iki yıl sonra da Çiçek Pasajı'nın birahaneleri yeniden biracılara açıldı. Açılmasına açıldı da, masa niyetine kullanılan fıçılar, yerlerini tek tip, üstü fayans kaplı masalara; tabureler de çam kütüğünden kaba-saba sıralara bıraktı. Bugün burada "Huzur" (Entelektüel Cahit'in), "Stop", "Seviç", "Palmiye", "Kime Ne?", "Pavyon", "Erciyes", "Ankara", "Lüks", "Karadağ", "Aile", "Pasaj", "Çınar", "Pera", "Tempo", "Mahzen" adlarında hep bir örnek birahaneler var..."

Bira şimdi bazı birahanelerde fıçıdan çekildikten sonra "Birahi" ve "Biraver" adlı termoslara konuyor. Birahi 1,5 litre, Biraver 2,5 litre bira alıyor. Önemli özelliği biranın masada soğuk kalması için şeffaf plastikten yapılma silindir biçimli bira haznesinin etrafına buz torbaları yerleştirilmesi. Bu buz torbaları masadaki muhabbet ne kadar uzarsa uzasın silindirin içindeki birayı istenilen soğuklukta tutmaya yarıyor. Bardağında birası biten garsonu beklemeden, bara kadar gitme zahmetine katlanmadan Biraver'in altındaki musluktan bardağını buz gibi birayla dolduruyor.

Tabii bu aralıksız bira muhabbeti, sidik torbasındaki basınç dayanılmaz hale geldiğinde tuvalete giden en kestirme yolun bir düz çizgi olduğu anlaşılıncaya kadar sürüp gidiyor.

Bir de zamanımızda bira bahçeleri var. Bazı beş yıldızlı oteller bakımlı bahçelerinin bir kısmını bu işe ayırmışlar, yaz günlerinde bahçede bira servisi yapıyorlar. İstanbul'daki Ceylan Intercontinental bu otellerden biri. Herhalde daha fazla eşrafa hitabetsin diye "*beer garden*" diye yazıyorlar. Yani "bira bahçesi nerede?" derseniz otel çalışanları size göstermekte zorluk çekebilir. Sizin "*Where is the beer garden?*" demeniz isteniyor olmalı. Ya yabancı otel müşterisi gelsin ya da şehirden yerli müşteri gelecekse, İngilizce bilen gelsin. İngilizce bilmeyen ne mi olacak? Orasını bu otelleri yönetenlere sorun. Bakalım ne diyecekler.

Finlandiya'da saunalarda bira yapılıyor. Bu bira % 10 alkollü. Finliler, sauna sefası yaparken bu ev birasını içiyorlar ve saunada içilen bu biranın, ne kadar içerseniz için ertesi sabah başağrısı yapmadığını ileri sürüyorlar. Ancak, sarhoş yaptığı kesin.

Bir de *microbrewery* denilen, bulunduğu çatı altında kendi birasını kendi üreten birahaneler var. Bunların her birinde diplomalı *Brewmaster* nezaretinde yapılan 4-9 çeşit bira, çekme bira olarak sunuluyor.

Amerika'da son zamanlarda çok yaygın. Neredeyse her semtte bir tane var. Bunlara *Brewpubs* da deniliyor. En meşhurları Denver-Colorado'da.

Fabrika değil de, birahane birası imal ediyorlar. Türkiye'de de var.

Gittiğiniz mekânda üretilen taptaze bir bardak bira ilginizi çekiyorsa Taps'e uğramanızı öneririz. Taps'in anlamı "bira muslukları". Restoran yapımı taze bira üreterek bir ilke imza atan Taps, Avrupa'da *Brewery & Restaurant* olarak bilinen ve sayıları hızla artan konseptin Türkiye'deki ilk örneği.

Taps, Teşvikiye, Atiye Sokak'ta üç katlı tarihi bir binada faaliyet gösteriyor. Binanın dış cephesi bira renginde, içeri girdiğinizde farklılık hemen gözünüze çarpıyor. Alt katta daha çok bar konsepti uygulanmış. Rahat ve yüksek taburelerin yanı sıra, alçak masa ve sandalyeler de bulunuyor. İkinci ve üçüncü kat daha çok bir kafe/restoranı andırıyor. Zemin ve mobilyada ağırlık ahşaba verilmiş. Ama her üç katın da "assolist"i dekorla uyum içindeki bira tankları. Sipariş edilen biraların hazırlandığı bu tanklar, salon kısmından cam bölmelerle ayrılmış.

Taps biraları, 500 yıllık Alman Saf Bira Kanunu'nca izin verilen dört temel gıda maddesinden imal ediliyor. Taze bira çeşitleri bu program dahilinde üretilerek, doğal sürecinde olgunlaşıp, yeteri kadar bekletildikten sonra eşsiz bir aroma ve lezzete ulaşıyor. *Vienna lager*, *wheat beer*, *pilsner*, *helles*, *bock*, *red ale*, *pale ale*, *brown ale*, *dunkel* ve *kölsch*, mekânın spesiyallerinden yalnızca birkaçı.

Biranın "*takeaway*"i [yanında götür] olur mu? demeyin. Burada biranızı içtikten sonra isterseniz beğendiğiniz bir çeşidi iki litrelik "*growler*" denilen özel kapaklı bira sürahisinde alıp eve götürebiliyorsunuz.

Adamın biri birahanenin tuvaletinde pisuvarda işini görürken yanındaki pisuvara gelen adamın işemek yerine bir bardak birayı pisuvara döktüğünü görüyor ve merakla soruyor: "Hemşerim, sen ne yaptığını sanıyorsun?" Adam hiç şaşırmadan cevap veriyor: "Aracıyı ortadan kaldırıyorum."

SELECT BOCK
ADELSHOFFEN
BOCK
ADELSHOFFEN
BIÈRE
ADELSHOFFEN

çeşitli ülkelerin biraları

"Hor görme birahanedeki tabureyi,
mutluluk arayan insanlığın tahtıdır o!"
Samuel Johnson

Almanya

Genel olarak Almanya'nın güneyinde yani Bavyera, Baden-Wuttemberg eyaletlerindeki biralar maltımsı, kuzeyde Köln, Dortmund, Düsseldorf ve Hamburg biraları ise daha acımtırak ve daha şerbetçiotu tadı baskındır.

Kuzey Ren-Vestfalya eyaletinde en fazla *alt* bira tüketilir. Düsseldorf *alt* birası başı çeker. Düsseldorf'ta Altstadt'da (eski şehir) takrıben 200 *pub* bir buçuk kilometre çapındaki bir alana sığmıştır. Bu yüzden Altstadt, dünyanın en uzun barı olarak bilinir. Bu *pub*'lardan Zum Schiffchen 1628'de işletmeye açılmış ve Napolyon'un 1811'deki Avrupa seferinde ona ev sahipliği yapmakla övünür.

Düsseldorf'a bira konusunda en büyük rakip Köln'dür. Köln, dünyadaki en fazla sayıda bira imalathanesine ev sahipliği yapmakla tanınır. Köln'ün birası, adını şehirden alır ve *kölsch*'tür. Altın sarısı, hafif, aromatik, çiçekimsidir ve şerbetçiotu tadı hafifçe öne çıkar. *Kölsh*, sosis ve *steak tartare* (çiğ kıyma, çiğ yumurta ve baharat karışımı) tabaklarına çok iyi eşlik etmesiyle tanınır.

Buradan kuzeydoğuya yöneldiğimizde Aşağı Saksonya eyaletindeki Hannover şehrinin *Hannover alt* birasıyla karşılaşırız. Bu biranın ilginç bir geleneksel içim tarzı var. Hannover'liler bu yönteme *lüttje lage* yani "küçük katman" diyorlar. Bira dolu bardak, baş ve işaret parmağı yardımıyla tutulurken aynı elin işaret parmağı ile orta parmak arasına *schnapps* dolu bir ufak *shot* bardağı yerleştiriliyor.

Bira bardağı içmek için ağza doğru eğildiğinde üstündeki bardaktan sert içki biranın içine akıyor ve birayı yavaşça sertleştiriyor.

Almanya'nın Hamburg şehrinde pilsen stili bira üretimi 1300'lerden bu yana sürdürülmektedir. Bira yapımında şerbetçiotunun, ilk defa bu bölgede kullanıldığı ileri sürülür. Meşhur markalar Diät Pils, Moravia, König, St. Pauli Girl ve Becks' tir.

Hamburg'un güney batısına doğru ilerlediğimizde hafif, kuru ve az meyvemsi *warsteiner* ve hafif gövdeli, yumuşak şerbetçiotu karakterli *bitburger* birasıyla karşılaşırız.

Vestfalya'ya geldiğimizde Dortmund'un Dortmund Export biralarıyla buluşuruz. Exportlar altın renginde, şerbetçiotu tadı ağırlıklı, orta maltımsı ve sek biralardır. Burada iki önemli bira imalathanesi vardır. Biri, D.U.B, iyi dengeli, hafif biralar üretir. Diğeri ise D.A.B, daha hafif biraz maltlı ve sek bira üretir.

Bohemya civarına ulaştığımızda Bohemya *pilsen*'leri bizi karşılar.

Şimdi Bavyera'ya ve Baden-Wüttenberg'e geldik. Buraya özgü bira *wiezenbier*. *Ale* tipi buğday birası. *Wiezenbier* imalathaneleri daha ziyade Bavyera'nın başşehri Münih civarında bulunuyor. Kızarmış ve yoğun soslarla tatlandırılmış etler, patates çeşitleri, ekşi lahana, bu yörenin mutfağının temel taşları. Biranızı bunlarla içeceksiniz.

Wiezenbier'in üç çeşidi var: *Kristall* (Kristal), *hefe* (maya) ve *dunkel* (*dark*). Hangi çeşidi olursa olsun buğday biraları maltımsı, baharatlımsı, karanfil ve meyve tatlıdır.

Aynı bölgede Münihliler'in Viyanalılar'la 1833'te kurdukları ortaklığın ürünü olan *Vienna* ve ayrıca *Märzen, Oktoberfest lager* biraları öne geçer. Bu biralar Mart ayında yapılıp yaz aylarında ya da en geç erken sonbaharda tüketilir. Kehribar renginde, orta sertlikte, maltımsı, aromatiktirler. Tadında ayrıca tatlı bir baharatımsılık bulunur.

Tabii bu bölgeden çıkmadan *Bavyera dunkel*'ı (*dark*) unutmamak gerekir. Koyu kahve renkli, maltımsı, çok az tatlı ve hafifçe şerbetçiotu tadımsıdır. Späten's, Dunkel Export ve König Ludwig Dunkel, Bavyera *dark*'larının bazılarıdır.

Münih'te Paulalı Aziz Francisco rahiplerince Lenten mevsimi için imalatı yapılan *doppelbock*'u unutmayalım. Paulaner Salvator bir *doppelbock*'tur. Burada size bir ipucu verelim de, kolaylık olsun. *Doppelbock* biralarını, adlarının sonunun genellikle "*ator*" olmasından anlayabilirsiniz. Örneğin: Späten Optimator, Augustiner Maximator, Löwenbrau Triumphator, Hacker-Pschorr Animator, Ayinger Fortunator veya Celebrator.

Doppelbock'lar siyah, yumuşak gövdeli, zengin ve biraz sek biralar olarak bilinir.

Şimdi geldik Aşağı Saksonya'ya. Buradaki Einbeck şehri *bock* türü biralarıyla ünlü. *Bock*'lar maltımsı, hafifçe tatlı, acılığı az ve alkolü yüksek biradır. *Bock*'ların en açık rengi *maibock*'tur (benim *bock*'um). Bunlara "*helles*" de denir.

Saksonya mutfağı tatlı ve ekşinin karışımıyla yepyeni lezzetler ortaya çıkartır. Baden yöresinde komşu Fransa'nın etkisiyle güneşe doymuş bahçelerden gelen ürünler tencere ve tava yemeklerinde birleşir. Burada yine de biramızı *sauerkraut* (ekşi lahana) ve *knödel* ile bezenmiş *bratwurst* ile içmenizi öneririm.

İrlanda

İrlanda'da *stout* bira sevilir. Ülkenin bira satışlarının yarısı *stout*'tur. Bu dilimin de en büyük payını Guinness alır. Guinness, İrlandalılar'ın övünç kaynağı, milli birası haline gelmiştir. Bu bira ister çekme, ister kutuda olsun, diğer biralardaki karbondioksit yerine azotla köpüklendirilir. Bu yüzden köpüğü kremamsı bir lezzettedir.

Guinnes'ten sonra Murphy's Irish Stout ve Kilkenny Irish Beer vardır.

Oyster birasını da saymamız gerekiyor, çünkü bu biranın üretim sürecinde içine istiridye karıştırılıp süzülür.

İrlanda'nın bütün bira üretiminin % 80'i çekme bira olarak *pub*'larda tüketilir. İrlanda'da bira sosyal bir içkidir. William Butler Yeats, Samuel Beckett, Oscar Wilde, George Bernard Shaw ve James Joyce gibi nice yazarın bu *pub*'larda demlenirken eserlerine ilham aldıklarını söylenir. Yolunuz Dublin'e düşerse O'Connor Caddesi'ni bulun ve oradaki *pub*'lardan birine mutlaka uğramayı unutmayın.

Guinness birasının fıçıdan çekilmesi de bir başka seremoni gerektiriyor. Önce bardağın dörtte üçüne kadar dolduruluyor. O ilk anda bardağın içi yalnızca köpük doluyor. Sonra iki-üç dakika bekletiliyor. Tepede bir parmak köpük kalıyor, gerisi ise çok koyu kahverengi, eritilmiş çikolata renginde sıvı oluyor. Geriye kalan bardağın son çeyreği, tepeleme dolduruluyor. Sonunda tepede iki parmak köpük, altında çikolata renkli biraz sulu boza kıvamında Guinness birası önünüze koyuluyor.

İrlandalılar *pub*'a girdiklerinde Guinness'i şöyle ısmarlıyorlar: "*pour me a pint of that black stuff*" yani "bana biraz o siyah şeyden doldur".

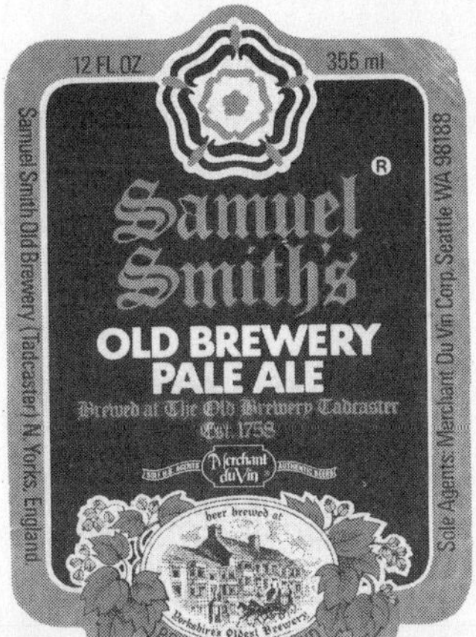

Ingiltere

İngiltere'de en çok satılan bira *bass*'tır. Onu *stella* takip eder. *Stella*'nın *carling*, *black label* ve *Lager-bitter* adında üç türü vardır. Boddington's, John Smith's, Robinson's ve Fuller de diğer önemli markalardır. İskoçya'da çok değişik bölgesel bira üreticileri vardır. Ancak Belhaven ve Stag markaları öne çıkar.

İngiltere'de *pub*'larda çekme bira istiyorsanız çeyrek *pint*'lik bardak için "*nip*", yarım *pint* için "*small*", bir *pint*'lik için "*lar-*

ge", en büyük bir *quart*'lık için ise "*flagon*" demeniz gerekecek.

Belçika

Belçika'da en fazla *lager* tipi biralar satılmakta. Bunların başını Stella Artois ve Jupiler almakta. Belçika'da Trappist rahipleri hâlâ Ortaçağ'dan kalma yöntemlerle bira üretiyorlar. Fransızca konuşulan bölgelerde *saison* biraları, Flemenk yoğun bölgelerde ise meyve aromalı *lambic* ve *gueuze* biraları tercih edilir.

Danimarka

Beş milyon civarı nüfusu olmasına rağmen Danimarka, dünyanın en büyük biracılık firmalarından birini yarattı: Carlsberg.

Carlsberg, 1970 yılında Tuborg'la birleştikten sonra grup daha da büyüdü.

Danimarka'nın milli simgesi Kopenhag'daki denizkızı heykelini (Den Lille Havfru) ilk yaptıran ve her çalındığında yeniden yaptıran Carlsberg bira grubudur.

Carlsberg bira fabrikası girişindeki iki fil heykeliyle de ünlüdür.

Çek Cumhuriyeti

Yolunuz Prag'a düşerse meydanlardan birindeki herhangi bir birahaneye oturun ve bir "*pivo*" isteyin. Yarım litrelik bu bardak size fazla gelecekse bir "*male*" isteyin. İçine artık *budvar* birası mı yoksa *pilsner urquell* (Türkçesi, "biranın orijinal kaynağı" demek) birası mı orası size kalmış.

Pilsner Urquelle'e yerel dilde *pizenske prazdo* diyorlar. Eğer siyah bira istiyorsanız "*cerne*" diyeceksiniz.

Şimdi Çek Cumhuriyeti sınırları içinde yer alan "Ceské Budejovice"ye Almanlar "Budweis" der. Bu kasabanın üretimi olan biraya Çekler "*budvar*", Almanlar ise "*budweiser*" der. İşte Avrupa'da "Kralların birası" olarak anılan bu biradır. *Budvar* birası ABD'ye de ihraç edilmekte ve orada "Czechvar" markasıyla satılmaktadır.

Amerika'da *budweiser* diye bir marka bira üretiliyorsa da bunun Avrupa'daki *budweiser*'le hiç bir ilgisi yoktur. Tadı da Avrupa *budweiser*'inkine hiç benzemez. Amerikalılar ona da kralların birası diyorlar ama Tanrı'nın birası bile deseler Avrupa *budweiser*'inin yanına yaklaşamaz.

Hollanda

Bu ülkenin adı "*pays bas*", alçak ülkeler anlamında. Deniz seviyesinden alçak olan Hollanda, okyanusla verdiği mücadelede, "birlik ve beraberliğin zamkı" olarak birayı seçmiş. Bu ülkedeki otuzun üzerindeki bira imalathanesi çok çeşitli ve güzel biralar üretir.

Heineken ve Grolsch bunların arasında dünyaca tanınmış olanlarıdır.

Amerika

Amerika'nın değişik bölgelerinde değişik marka biralar hâkim olmuş. Örneğin: Boston ve çevresine Samuel Adams, Philadelphia ve çevresinde Yuengling gibi. Bud ve Lite ise en çok satan markalardan ikisi. Ardından Coors ve Anchor Porter ve Sierra Nevada geliyorlar.

Zenciler, (Amerika'daki yeni adıyla "African American" yani Afrika kökenli Amerikalılar) Heineken birası hastası. Mutlaka onu içecekler. Yanına da Henessy konyak koyuyorlar. Bir ondan, bir öbüründen höpürdeterek içiyorlar. Amerika'da 15-20 civarında bira fabrikası ve 1500 civarında *micro brewery* var.

Avustralya

Avustralya'nın, ünü sınırlarını taşmış olan birası *fosters*'dır. Ancak, *fosters* Avustralya'daki en harcıalem biradır. Victoria Bitter, Castlemaine, Cascade Lager, Redback, Amber Ale, Little Creatures, James Boag gibi değişik markalar iç pazarda çeşitli pazar paylarına sahiptir.

Avustralya'nın çeşitli yörelerinde bira bardaklarının değişik adları var, örneğin 180 ml'ye *six*, 210 ml'lik olana *butcher*, *glass* ya da *eight*, 300 ml'liğe *schooner*, *pot*, *middic* ya da *ten*, 450 ml'lik en büyüğüne ise *pint* diyorlar.

Fransa

Fransa bir şarap ülkesi olduğundan, bira bu ülkede, kaçınılmaz olarak ikinci plana geçer.

Kronenbourg, Kanterbrau ve Heineken Fransa'nın sevilerek tüketilen biralarıdır.

Fransa'da biralar genel olarak üç kategoridedir. *Bière de mars* (Mart birası) ve *bière de printemps* (İlkbahar birası) ve *bière de garde* (dayanıklı, bekleyebilen bira).

Fransa'nın kuzeyinde *bière de garde*, çiftçiler tarafından yaz aylarında ve hasada kadar dayansın diye yapılmış *ale* türü bir bira stilidir.

Avusturya

Gold Fassl en yaygın bulunan biradır. Ancak, siz Doppelhopfer Hell, Urbock 23 ya da kuzeye çıktığınızda Scluck'u deneyebilirsiniz.

Aşağıdaki listede diğer çeşitli ülkelerin dünyaca bilinen meşhur bira markalarını bulacaksınız:

Arjantin	:	Quilmes
Brezilya	:	Xingu

TSINGTAO
青岛啤酒

QUALITÀ E TRADIZIONE
IMPORTED FROM ITALY
BIRRA MORETTI
DAL 1859
12 FL. OZ. Beer
355 ml Beer

IMPORTED SPANISH LAGER
CERVEZA
Castillo
CERVEZA ESPECIAL
BREWED IN SPAIN
ALC 5% VOL
33cl ℮

ŻYWIEC
1856
TRADE MARK
ŻYWIEC
Beer
330ml / 11.2 fl. oz.
alc. 5.7% vol.
BREWED AND BOTTLED AT ŻYWIEC BREWERY, POLAND

Çin	:	Tsingtao
Dominik Cumhuriyeti	:	Presidente
Estonya	:	Rüütli Olu
Güney Afrika	:	Castle Lager
Güney Kore	:	Hite
Haiti	:	Prestige Stout
Hindistan	:	Kobra
İsrael	:	Maccabee
İsviçre	:	Samichlaus
Japonya	:	Sapporo, Kirin
Küba	:	Tinima
Malta	:	Cisk lager
Meksika	:	Corona
Nepal	:	Star Beer
Peru	:	Cusquêna
Polonya	:	Krakus Zywiec
Portekiz	:	Sagres
Singapur	:	Tiger Beer
Şili	:	Cyrstal
Türkiye	:	Efes Pilsen
Ukrayna	:	Obolon Premium
Vietnam	:	Hue Beer

GET A taste OF THE holidays
HEARTLAND
REAL BEER
BREWERY
OLD
RED NOSE
ALE
Who needs
eggnog?

ev birasının yapılışı

"Her uzun yolculuk, atılan kısa bir adımla başlar."
Çin Atasözü

Amerikalılar kısaca *homebrew* diyorlar evde yapılan biraya. Amerikalılar evde bira üretmeye, 17 Ocak 1920 günü başlayıp 14 yıl süren içki yasağı süresince alışmışlar. Alışkanlıkları hâlâ devam ediyor.

Evde bira yapmak şarap yapmaktan daha kolay. Neden mi? Çünkü şarapta en küçük bir aşamada ufacık bir terslik olduğunda buyrun sirkeye. Ama bira yapımında böyle bir risk yok. Sonunda bir çeşit biranız olacak. Ancak, lezzeti şüphe götürecek. Beğenmediniz, dert değil. Bu defa başka bir reçeteyi deneyebilirsiniz.

Biracılar haydi gelin! Şimdi evde bira yapmak için kolları sıvıyoruz. İlk adım olarak malzemeleri hazır ediyoruz.

Bir bira tenceresine ihtiyacımız olacak. 13 litre civarında kapasitesi olması gerekiyor. Bunda diğer malzemeleri ve biranın karışım maddelerini kaynatacağız. Paslanmaz çelik olması ideal. Endüstriyel mutfak malzemeleri satan mağazalardan bulabilirsiniz. Örneğin İstanbul'da Piyalepaşa'da.

Bir de içinde fermentasyon yapacağımız cam bir su damacanasına ihtiyacımız var. Bunun 20-22 litrelik olmasında yarar var. Yirmi litre alan bir de kova bulmamız gerek. Bu kovaya fermente edilmiş birayı koyup şişelere sifonlayacağız. Sifonlamak için aktarlarda satılan şeffaf plastik hortumlara ihtiyacımız olacak. Buna yarım parmak su hortumu diyorlar. Beş metre kadar almamızda fayda var.

Tabii huniyi unutmayalım. Bunu satın aldığımız yerden bir de ince tel süzgeç alın. Ayrıca cam su damacanasının ağız kısmına uyacak biçimde bir hava valfı gerekecek. Bu, şarap üretiminde kullanılanın aynı. Fermentasyon sırasında CO_2'in çıkışına olanak verirken yabancı maddelerin damacanaya girmesini engelleyecek.

Yeterli miktarda 75 cl'lik boş rakı şişesi ve şişe kapağı gerekiyor.

Bir su damacanası 20-22 litre bira yapacak. Bu da 30 civarında şişe gerektirir.

Biranın içerdiği alkolü saptamak için bir de higrometre gerek.

Bütün malzemeleri tedarik ettikten sonra hijyen malzemeleri olarak adlandırabileceğimiz ve içinde iyot bulunan temizleme malzemesine ihtiyacımız olacak. Eczaneden tentürdiyot alabilirsiniz. Bununla malzemelerimizi temizleyeceğiz.

Şimdi geldik ana madde ile karışım maddelerine. Bize biralık arpa, bira mayası, şerbetçiotu, ağız otu şekeri, malt özü (malt hülasası) gerek. Tabii bunların neler ve ne miktarlarda olduğu uygulayacağımız reçetede yazacak.

Bütün bunların hepsini tedarik ettikten sonra tencerenin içine bira üretiminde kullanacağınız diğer malzemeleri ve şişe kapaklarını atın. Tepeleme suyla doldurun ve kaynatın. Kaynatın ki mikroplarından arınsınlar. Aman durun higrometreyi ve su damacanasını koymayın. Onları ayrı tutun. Tenceredekileri 30 dakika kaynatın, sonra da iyotlu solüsyonla bir fırça yardımıyla dezenfekte edin. Damacanayı da, iyotlu suyla içini dışını dezenfekte edin. Dezenfektasyon için ilaçlı suyu ekipmanların üzerinde 30 dakika bekletmeniz gerekiyor. Sonra hepsini suyla durulayın. Sonra sakın bezle kurulamayın. Bırakın kendi kendine havalanarak kurusunlar.

Şimdi, bira tenceresini alın. İçine 6,5 litre, oda sıcaklığında su koyun. On üç litre suyu da buzdolabında 5° C civarına gelene kadar soğutun. Arpaları *blender* ya da robot yardımıyla ezerek tenceredeki suyun içine katın, ateşi orta hararete alın. Karıştırın. Kaynama noktasına geldiğinde arpaları süzün. Geri kalan suyu, ocağı düşük ateşe alarak bir süre daha (10 dakika) kaynatın. Malt özünü ekleyin ve sürekli karıştırın.

Bu batın üretim için ayırmış olduğumuz şerbetçiotunu üç eşit parçaya bölün. Biri "kaynama", diğeri "lezzet", sonuncusu ise "bitiş" şerbetçiotu olsun.

Beş dakika sonra "kaynama" şerbetçiotunu ekleyin. Otuz dakika daha kaynatın. Sonra "lezzet" şerbetçiotlarını katın ve 15 dakika daha kaynatın. On üçüncü dakikada "bitiş" şerbetçiotunu katın.

Şimdi bu karışımı serin bir yere koyup kısa sürede soğutmamız gerekiyor. Buzdolabında soğumuş olan suyu ekleyerek 25° C, yani oda sıcaklığı civarına getirdiğimiz sıvıyı cam damacanaya huni yardımıyla süzerek koyalım. Damacananın dörtte üçü dolu olsun. Higrometreyi daldırın. Biranın özgül yoğunluk oranının kaç olduğunu kaydedin.

Şimdi mayayı ekleyin ve damacananın ağzına hava valfını takın. 12-24 saat arasında fermentasyon başlayacaktır. Hava valfından kaçan ufak kabarcıklar fermentasyonun başladığının ilk işaretidir. O anda şekerle beslenen maya, CO_2 üretmektedir.

İlk 2-5 gün sürekli kabarcıklar oluşacak ve günler hareketli geçecektir. 7-10 günde fermentasyon süreci tamamlanacaktır. Kabarcıkların çıkması tamamen bittiğinde bira higrometreyle tekrar ölçülmelidir. Elde edilen değer ilk ölçüm değerinden çıkartıldığında aradaki fark biranın alkol yüzdesini verecektir. (Örneğin, ilk ölçüm 7 ve ikinci ölçüm 2 ise, alkol oranı % 5 demektir.)

Bu arada biz *priming* şekerini hazırlayalım. Bir ölçek suya 3/4 ölçek tahıl şekeri ekleyin. On dakika kaynatın, işte oldu size *priming* şekeri.

Şimdi sıra şişelemeye gelmiştir. *Priming* şekerini şişeleme kovasına dökmeliyiz. Bu, biraya karbonasyon sağlayacaktır.

Sıra su damacanasındaki biranın sifonlanarak şişeleme kovasına aktarılmasında. Yalnız dipte üç cm yüksekliğinde sıvı bırakın. Burada fermentasyondan arta kalan mayalar vardır.

Şişeleme kovasından da bira şişelerine sifonlayın. Sonra da şişelerin kapaklarını sıkıca döndürerek kapayın. Hiç hava almasın. Şişeleri oda sıcaklığında, karanlık bir yerde iki hafta bekletin. Bu süredeki yıllanma sonucu, lezzet, karbonasyon ve tadın kalıcılığı artacaktır.

Biraları servise sunmadan buzdolabında soğutun. Bardaklara koyarken şişenin dibindeki 2-3 cm'lik kısmı bırakın. Orada toplanmış olan tortuların rahatı bozulmasın. Yoksa bardağınıza atlayıp sizin rahatınızı bozarlar.

Şimdi biranızı tadabilirsiniz. Sevdiyseniz afiyet olsun. Sevmediniz mi? O da dert değil. Birayı dökmeyin, evdeki mobilyalarınızı parlatmak için cila olarak kullanabilirsiniz. Hatta geri kalan kısmını da porselen, seramik, cam ve deri tamir ve yapıştırma işleri için zamk olarak kullanabilirsiniz.

Meraklısına işte bira zamkının formülü:

500 ml bira
2 plaka jelatin
120 gr marangoz tutkalı
45 gr bezir yağı

Bir boş teneke konserve kutusunun içine birayı koyun, ılıyınca jelatinleri içine atın ve kaynatın. Jelatinler eridiğinde içine tutkalı ekleyin. Karıştırarak kaynatmaya devam edin. Beş dakika sonra bir elinizle karıştırmaya devam ederken diğer elinizle yağı yavaş yavaş karışıma yedirerek ilave edin. İyice homojen karışım elde edildiğinde ateşi söndürüp soğumaya bırakın. Sıvı, oda sıcaklığına geldiğinde şeffaf lastikimsi bir hal alır. İşte cilanız budur. Bir bez ile mobilyalarınıza sürüp parlatabilirsiniz.

Ev Birası - I
(*Budweiser* benzeri Bira)

60 gr şerbetçiotu
800 gr pirinç unu
3,5 kilo dövülmüş arpa
5 ml toz şeker (beyaz)
60 gr bira mayası
1 tabaka jelatin
5 ml deniz yosunu
15 litre su

Suyu 40° C'ye getirin, arpa ve pirinç ununu boşaltıp karıştırın. Karıştırmaya devam ederken sıcaklığı 50° C'ye çıkartın. Yarım saat böyle kalsın. Sonra 66° C'ye çıkartın. Bir buçuk saat öyle kalsın. Arada ılıdıkça sıcaklık 60° C'de kalacak biçimde yarım saatte bir biraz ateşi yakın söndürün. Karışımı süzgeçten geçirip bir kaba süzün. Süzgeçte kalanların üstünden 70-75° C'ye ısıtılmış beş litre suyu daha boca edin kaba, süzülsün.

Şerbetçiotlarını ve yosunları ve şekeri sıvıya katın ve 1,5 saat kaynatın. Ateşten indirip tekrar süzün ve süzülmüş karışıma kabınızın aldığı kadar soğuk suyu ekleyin.

Sıvı oda sıcaklığına geldiğinde mayayı ekleyin. Bırakın fermentasyon başlasın. Bittiğinde sıcak suda eritilmiş jelatini karışıma boca edin. Yedi gün bekletin. Sonra süzerek şişelere doldurun. 21 gün sonra biranız hazırdır.

Ev Birası - 2

300 gr şerbetçiotu	*60 gr bira mayası*
2 kilo toz şeker	*50 litre su*
5 kilo filizlenmiş arpa	*Yarım demet hindiba*
1 tabaka jelatin	

Şerbetçiotu ile arpayı ayrı kaplarda haşladıktan sonra ertesi güne kadar bırakın. Sonra şekerle birlikte ikisini de bir fıçıya dökün. Mayayı da ekleyin.

Yarım demet hindibayı da suda haşlayın. Bunu da fıçıya dökün. Suyu da fıçıya ilave ettikten sonra sıcak bir yere bırakın. Fıçıyı zaman zaman karıştırarak fermentasyonun yüzeyde oluşturduğu köpükleri bir kepçeyle alın. Köpük yapması bitince jelatini suda karıştırarak eritip fıçıya dökün. Karıştırın. On gün daha bekletin, şişelere doldurup şişeleri dik olarak saklayın.

Ev Birası - 3

300 gr şerbetçiotu
İki kilo toz şeker
100 gr ardıç kozalağı
20 gr maya
60 litre su

Şerbetçiotu ile ardıç kozalağını iki litre suda haşlayarak biraz dinlendirin. Sonra suyunu süzüp bir fıçıya koyun. Üzerine şeker ve oda sıcaklığına gelince de mayayı ilave edin. Suyun geri kalan kısmını koyun. Bırakın fermente olsun. Fermentasyon bitince şişelere doldurun.

Evde bira yapmak için özel malzeme temin edebileceğiniz çeşitli adresler:

Maltose Express
391 Main St. Route 25, Monroe, Connecticut, ABD
Tel.: 800 Maltose

Zok's
24 North St. Willimantic, Connecticut, ABD
Tel.: 860 .456.7704
www.homemadebrew.net

East Coast Hydroponics
146-49 Horace Harding Expessway, Flushing, N.Y., ABD
Tel.: 718.782.8880

Beercrafters
110 A Greentree Road, Turnersville N.J., ABD
Tel.: 856.2 Brewit

Stout Billy's
115 Marona Rd., Portsmouth N.H., ABD
Tel.: 800.392.4792

Assembly Required
1507 D.Hayward Rd. Hendersonville N.C., ABD
Tel.: 800.486.2592

biranın iyisi ve özeli

"Bira Tanrı'nın bizi sevdiğinin ve mutlu olmamızı istediğinin bir kanıtıdır."
Benjamin Franklin

Sezar'ın hakkını Sezar'a, biranınkini de biraya vererek başlayalım.

Bira, içkilerden asıl viskinin atasıdır. Çünkü bira (arpa suyu) damıtılınca viski olur. Kerata o andan itibaren biradan yapıldığını unutur, aristokrat takılır. Biraya tepeden bakar. Ama bira alçakgönüllüdür, uyumludur, alınmaz.

Viskinin dükkânlarda yerleştirildiği üst raflardan daha aşağıda, yerde tozlu kasalarda duran biraya burun kıvırarak baktığı söylenir. Bira aldırmaz, yığınları neşelendirme misyonu peşinde koşar durur.

Biranın kalitesi, tadı ve aromasıyla, alkol derecesiyle, besin değeri, rengi, köpüğü ve berraklığıyla ölçülür. Biranın kalitesi damakta bıraktığı izdir. Bu etki kişiden kişiye değişir. Damak tadına düşkün biri bira konusunda seçici davranır. Birasını içerken değişik duyu organlarıyla algılama yapar. Biradan iyi anlayan biri ilk yudumu almadan önce biranın berraklığını (Almanlar'ın buğday birası değilse) ve köpüğünü değerlendirir. Bardağı dudaklarına götürürken koku duyusunun uyarılmasıyla biranın şerbetçiotundan gelen aromasını hisseder. İlk yudumu aldığındaysa ağzın içindeki ve dilin üzerindeki tat alma kabarcıkları sayesinde biranın özgün

tadını algılar. İyi bir bira içicisi asla alıştığı tadın ve kalitenin günden güne farklılık göstermesini kabul edemez.

Bira üretiminde imalathane ya da fabrika yeri seçilirken suyu bol yerler ön plana geçer. Yalnızca suyun üretime yetecek debide olması değil, suyun kalitesi de önemlidir. Örneğin, su kireçliyse fermentasyon iyi yapılamayabilir. Eğer suda demir varsa bira ne kadar süzülürse süzülsün istenilen berraklığa kavuşamaz. Örneğin İngiltere'de Burton-on-Trent ve New York'ta Esopus su kaynakları müstesna kalitede su kaynakları olmaları dolayısıyla ünlenmiştir.

Biranın içine giren arpa ya da diğer tahıl çeşitlerinin kalitesi de son ürünün akibetini tayin eder. Bir başka husus şerbetçiotunun cinsi ve miktarıdır. Son olarak da yapım teknolojisi gelir. Önünüzdeki biranın enfes olması yukarıdaki aşamalarda gösterilen dikkat ve gayretlere bağlıdır.

Biranın en iyisini kim içer? Tabii ki dünyanın bira başkenti Münih civarında yaşayan Bavyeralılar. Bavyeralılar neşeli insanlardır. Ellerinde kocaman, âdeta bir çizmeyi andıran dev bardaklarla, hafif bulanık altın sarısı buğday biralarını lıkır lıkır yudumlar, yanında da iri sosisleri bol hardala bulayıp yutarlar. Bazen ellerindeki biranın rengi koyulaşır, altın sarısı yine bulanık olmak kaydıyla kızıl bir renge dönüşür. İşte bu daha sert alkollü, dinlenmiş "özel rezerv" buğday birasıdır. Yılbaşına yakın ortaya çı-

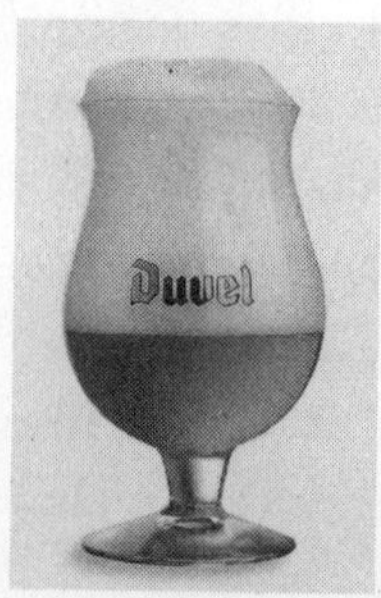

kar. Adı "*weisenbock*"tur. Keçi anlamına gelen "*bock*" kelimesi, daha yüksek alkollü birayı ifade eder.

İrlandalılar aslında viskileriyle tanınır. Ama onların bir başka geleneği de viskinin yanında, arada, siyah bira içmektir. Viskinin midede başlattığı yangını, kararında soğutulmuş bir birayla söndürmeye çalışırlar.

Dublin'de 1759 yılından bu yana karamelize oluncaya kadar kavrulan arpadan yapıldığı için siyah renkte olan Guinness birası üretiliyor. Guinness, İrlanda'nın ulusal birasıdır. Ona kısaca "Siyah renkli sulu ekmek" diyorlar.

Daha önce, bira üzerine üstatlığını belirtmiş olduğum Michael Jackson'ın dört yıldız verdiği biralar, yani dünyanın en iyi bira markaları şunlardır:

Pilsner Urquell (Çek Cumhuriyeti), Samichlaus (İsviçre), Jever Pilsener (Almanya), Dortmunder Kronen Export (Almanya), Zum Uerige (Almanya), Augustiner Hell (Almanya), Paulaner Salvator (Almanya), Ur-Märzen (Almanya), Aecht Schlenkerla Rauchbier Märzen (Almanya), Schultheiss Berliner Weisse (Almanya), Duvel (Belçika), Rodenbach Grand Cru (Belçika), The Triple (Belçika), Boon's Lambic (Belçika), Gueuze Girardin (Belçika), Chimay Blue (Belçika), Orval (Belçika), Trois Monts (Fransa), Brakspear Bitter (İngiltere), Fuller's Extra Special Bitter (İngiltere), John Smith's Imperial Russian Stout (İngiltere), Samuel Smith's Oatmeal Stout (İngiltere), Traquair House Ale (İngiltere), Pedigree (İngiltere), Thomas Hardy's Ale (İngiltere), Guinness Extra Stout (İrlanda), Hampshire Special Ale (ABD), Celis White (ABD), Anchor's Steam

Beer (ABD), Anchor's Liberty Ale (ABD), Sierra Nevada's Pale Ale (ABD), Big Foot Barley Wine (ABD), Alaskan Smoked Porter (Alaska ABD).

Bir de özel biralar var. Belçika'nın % 8,5 alkollü Judas birası ve % 4,5 alkollü Mort Subite frambuaz ve vişne aromalı şampanyamsı biralarından da söz ederek, özel biralar kısmına geçebiliriz. Bu arada, geleneksel hiçbir stile sığmayan değişik bira çeşitlerinin bulunduğunu da söyleyelim.

Bahar Birası: California eyaletinin San Francisco şehrinde üretilen *anchor steam beer* bu stile örnektir. *Lager* mayasının *ale* stilindeki sıcaklıkta kullanılmasıyla şerbetçiotu tatlı, maltımsı bir bira elde edilir. Köpüğü çok fazladır.

İsli Bira: Almanya'nın Bamberg kasabasında imal edilen Bamberg birası bu stilin örneğidir. Malt isli dumana tutularak tütsülenir. Bir *lager*'dır. Almanlar bu stile "*rauchbier*" derler.

Kuvvetlendirilmiş *lager*: İsviçre'de yılın yalnızca bir günü (6 Aralık günü) üretilir. 10 ay olgunlaşması için bekletilir. Semichlaus birası % 14,9'a kadar çıkabilen alkolü ile dünyanın en sert birası olarak bilinir.

Oktoberfest: Paulaner Octoberfest Märzen, Mart ayında yapılan bir biradır. % 5 alkollüdür.

Rousse: Kanada'nın Quebec kentinde yapılan *ale* tipi bir biradır. Tadı *scottish ale*'e benzer, biraz daha meyvemsidir. Boréale Rousse markasıyla pazarlanır.

Bu kadar özel biradan sonra "daha da özeli var mı?" diye soran müşkülpesent okurlarıma, ellerini ceplerine sokmalarını ve 100 dolarları varsa bir şişe, Boston'da 1994'te imal edilmiş ve bunca yıl akçaağaç fıçılarda bekletilmiş Samuel Adams'ın özel birasını tavsiye edeceğim. Dikkat edelim. Şişesi 100 dolar. Yani en iyi kalitede 18-24 yıllık malt viski fiyatına.

1933 yılından bu yana her yıl bir profesyonel yarışma sonucunda Avustralya Uluslararası Bira Ödülleri (The Australian International Beer Awards) dağıtılıyor. Bira konusunda dünyaca ünlü kişilerin jüri üyeliğini yaptığı bu yarışma iki etapta yapılıyor. İlk etabı Avustralya'nın Melbourne şehrinde, ikinci etap ise iki gün sonra Ballarat'ta yapılıyor. Dünyanın her bir yanından gönderilen çeşit çeşit biralar değerlendirmeye tabi tutuluyor ve en iyi olanı altın madalyaya layık görülüyor.

Dünyanın en ünlü biraları ve onların patronları toplantının yapıldığı otelin barına uğrarlar. Corona'nın patronu gelir, barmene seslenir: "Aç bir Corona." Bir süre sonra Budweiser'in patronu bara yanaşır, "Ver bir Bud" der. Miller'in patronu bara oturur, "Miller" diye yumruğunu hafifçe bara vurur. Ardından Efes Pilsen'in patronu Tuncay Özilhan bara gelir, "Bir Coca Cola lütfen" der. Diğer patronlar kendisine hayret dolu gözlerle baktığında şu cevabı verir: "Madem hiçbiriniz bira içmiyorsunuz, ben de size katılayım dedim."

Miller Lite
MILLER TIME
HALLOWEEN
Miller MGD Genuine Draft
Live Responsibly Miller
TAP INTO YOUR WILD SIDE

bira ve sağlık

"Tavsiye ederim; ekmek, et, sebze ve bira..."
Sofokles, M.Ö 496-406

Modern tıbbın kurucusu Hipokrates "Susuzluğu giderir, hazma yararlı ve mideyi şişirmez" demiş bira için. Şimdi diyeceksiniz "Sayın Hipokrates, mideyi şişirmez de bu bira göbeği nasıl oluyor peki?" Ama maalesef Hipokrates, sizi hiç işitemeyeceği bir yerde. Oraya gittiğinizde sorarsınız.

Sert içkilerin aksine bira taşıdığı yüksek besin değeri ve düşük alkol oranı nedeniyle çok eskiden beri "iyi alkol" olarak bilinir. Hekimler günde en fazla bir litre içildiği takdirde biranın vücuda yararlarının, zararlarından çok daha fazla olduğunu söylemekteler. Hatta, Almanlar'ın şöyle bir deyişi var:

"Yaşlı doktordan daha çok sayıda yaşlı bira sarhoşu var."

Bir başka Alman deyişi de şu:

"En iyi eczane birahanedir."

Biranın çok içildiği yerlerde insanların sağlıklı, memnun, besili ve mutlu olduğuna inanılır.

Yalnızca bira ve sohbet olsa yaşam
Oysa çoğunlukla acınacak halimiz
Kim bilir ne kadar kaldı vaktimiz
Yeter ki sen mutlu ol, kime ne!

George du Maurier, Trilloy (1894)

Kilo alındığı düşünüldüğü için özellikle kadınların kara listeye aldığı bira en sonunda bu suçlamadan da beraat etmiş görülüyor. Yapılan araştırmalar ortaya çıkartmış ki bira kendi başına kilo aldırmıyor. Ancak yüksek oranda B vitamini içeren biranın iştah açıcı bir özelliği var. Çok fazla tüketilmesi halinde acıkma hissi yaratıyor ve bu noktada tüketilen yiyecekler kilo aldırıyor. Bir de alkol midenin uyuşmasına yol açtığından doyduğunuzu hissedemiyor, yiyor da yiyorsunuz. İşte, meşhur bira göbeği muhtemelen böyle oluşuyor. Bugün kalori hesabı yapılan rejimlerde bile, günlük belli bir miktarda bira içilmesine izin var.

Biraların ülkemizde imal edilenlerinde ortalama her litresinde 3,45 gram alkol, beş gram *extrakt* ve biranın bir litresinde 417 kalori bulunur. Yani bir litre bira, 5-6 yumurta ya da 220 gram ekmek kadar kalori taşır. Biraya boşuna "sıvı ekmek" dememişler. Biraların cinslerine göre taşıdığı kalori miktarları aşağıdaki tabloda verilmektedir:

Biralar	**Hacim**	**Kalori**
Lager (Standard)	330 ml	130
(Alkollü 3° - 4°)	200 ml	63
Lager (Yüksek)	330 ml	245
(Alkollü 8° - 9°)	200 ml	148
Siyah Bira	330 ml	130
	200 ml	78

Ale tipi (Standard bira)	330 ml	130
	200 ml	78

Son zamanlarda zayıflık modası dolayısıyla gençlerin "kilo yapar" endişesiyle biradan uzaklaşması sonucunda bira imalatçıları da "*light*" modasına uydu ve "*light* bira" pazara sunuldu. *Light* biranın bir litresinde 243 kalori var.

Amerika'da "*light*" da az gelmiş ve hiç şişmanlatmayan bir bira piyasaya çıkartılmış. Adı Michelob Ultra. Bu biranın 275 mililitrelik şişesinde yalnızca 2,8 gram karbonhidrat bulunuyor. Bu yeni bira, Stella Artois, Grolsch ve Kronenbourg 1664 gibi rakiplerinin üçte biri oranında karbonhidrat içeriyor. Michelob Ultra'nın bir şişesinde yalnızca 88 kalori var ve alkol oranı % 5.

300 ml normal bira içildiğinde 9-10 gram alkol alınmış olur. Alkol dozu 30-50 gramı bulduğunda (yaklaşık bir litre bira) bu miktar çalışma gücü ve temposunu artırsa da bu hal pek sürekli olmaz. Bir süre sonra yerini gevşeme ve keyif alır. İki litre birayı kısa sürede (bir saat) deviren bir kişinin kanındaki alkol miktarı % 1'e çıkar ve sarhoşluk belirtileri görülür.

William Shakespeare'in *Macbeth*'teki şu sözcüklerini doğru çıkartmaya çalışıyorsunuz demektir:

"Alkol arzuyu kamçılıyor ama performansı kaybettiriyor".

Alkol almadan önce proteinli gıdalar (peynir gibi) yenirse alkolün kana karışma süresi uzatılır ve dolayısıyla sinir sistemi üzerindeki etkisi azalır.

Biranın içerdiği B vitamini karaciğer ve safra kesesi fonksiyonları üzerinde yararlı etkiler yapar. *The Wiley Encyclopedia of Food and Science and Technology*, biranın aşağıdaki vitaminleri içerdiğini yazıyor: Thiamin, riboflavin, pantothenik asit, pyridoxine, biotin ve cyanocobalabin. Bira, ayrıca tuzsuz yemek zorunda kalanlar için de çaredir. Böbreklerin iyi çalışmasını sağlar ve suyun böbreklerden atılmasını kolaylaştırır.

Eski Mısır'da da akşamdan kalanlara lahana suyu ilaç olarak verilirdi. İS ikinci yüzyılda Yunanistan'da da akşamdan kalmalara lahana haşlaması tavsiye edildiğini aşağıdaki kayıttan anlamaktayız:

"Dün gece çok içtin, bak şimdi başın ağrıyor. Haydi biraz uyu. Uyandığında lahanayı haşlamış olurum. Biraz yiyince başağrın kalmaz."

Athenaeus

Zamanımızda da Almanlar birayla turp ve de özellikle lahana yendiğinde "*hangover*" yani bira mahmurluğuna, ertesi sabah uyanıldığında oluşabilecek baş ağrısına iyi geleceğine inanmaktalar. Almanya'da lahana yemeklerinin sevilerek yenmesinin asıl nedeni bu olsa gerek.

Durun daha bitmedi. Dahası var. Koch ve Heim adlı iki araştırmacı biranın içinde östrojen hormonu bulunduğunu ortaya çıkarttılar. Cinsiyet hormonunun biraya şerbetçiotundan geldiği sanılmaktadır. Biranın 100 gramında 10-360 UI (yani 10 gramda 0.001-0.036 gr) östrojen hormonu vardır.

Diğer yandan Avusturya'nın Graz şehrindeki eyalet sinir kliniğinde görevli Prof. Manfred Walzl sağlıklı hayat üzerine yaptığı üç bin deneği kapsayan araştırmasında, "sağlıklı hayatın temel taşlarının düzenli ve dengeli beslenme, düzenli spor yapmak, kiloya dikkat etmek ve aspirin almak" olduğunu belirtirken "aspirin yerine bira içilmesinin de aynı etkiyi yaptığını belirtiyor. Prof. Walzl, yaptığı araştırmalarda, biradaki fosforik asitin hücreleri yenileyerek cildi güzelleştirdiğine tanık olduğunu söyleyerek raporunu bitiriyor.

Bira fermente bir içki olduğundan doktorlar tarafından hemoroidi olan hastalara yasaklanır. Çünkü sırasıyla başta şampanya, sonra şarap, sonra da bira hemoroidi azdırıyor. Kanamayı fazlalaştırıyor. Ancak hemoroidini ameliyatla aldırmış hastalara, ameliyattan yedi yıl geçtikten sonra fermente içki içmelerine izin veriliyor.

Bira içenlerin üç organla yakından ilişkileri oluşur. Onlar farketmeseler de şartlar bu üç organla daha sıkı arkadaşlık ya da akrabalık ilişkilerine yol açar. Bunlardan birincisi idrar torbasıdır. Her insanda standart olarak bulunan bu organ yaklaşık bir litre sıvı alır. Sıvı miktarı bir litre civarını bulduğunda otomatik seviye ve basınç kontrolleri devreye girer ve önce nezaket sınırları içerisinde işemeye davet eder. Tınmıyorsanız ikaz için davet biçimini bırakır, zorlamaya başlar. İşte o andan itibaren kasıklarınızda dayanılmaz bir basınç oluşur. Siz de bırakamadığınız muhabbeti kesip tuvalete en kestirme yolu bulursunuz. İnsanoğlunun idrar torbası -70 yıllık bir ömür esas alındığında- hayatı süresince yaklaşık 40-50 ton idrar stoklar. Sürekli bira içen bir kişi için bu miktar 70 tonu bulur. İkinci organ ise üreme organıdır. Bira içen kişiler bu organı daha sıkça işemek için kullandığından, bu işi alışkanlık edinip, organın çocuk yapma fonksiyonunu unutabilirler. Üçüncü organ ise karaciğerdir. Saatte öngörülen makul alkol miktarından fazla bira içenler, karaciğerlerini kontrol ettirdiklerinde önce eser miktarda yağlı, sonra yağlı, sonra aşırı yağlı etaplarını yaşarlar. Karaciğer büyür. Karaciğer hücreleri kendini yenilemez. Yani karaciğer bir elden çıktı mı bir daha geri dönmez. O ufacık yerdeki alkolü şekere çeviren büyük fabrika işlevini göremez hale gelirse, işte o zaman vay biracının haline.

Gençliğinde kedere ve zevke içerek karaciğerini fazla hırpalamış olanlar, ileri yaşlarda zevke varmak için bir bardak birayı bile doktorlarına kabul ettirememenin acısını yaşarlar.

Tabii şeker hastaları tamamen farklı. Onlara alkolün yasak olması, karaciğeri yıpratmış olmalarının cezası değil.

Biranın çok sevilmesinin birçok nedeni vardır. Ancak, bunların içinden biri, belki de en başta gelmektedir. Bu, biranın içerdiği alkol miktarının düşük olması nedeniyle, uzun süreye yayılan alkol alım miktarının birayı uzun sohbetlerin içkisi haline getirmiş olmasıdır.

Bakın Joanne Harris, Böğürtlen Şarabı adlı romanında birayı uzun sohbetlerin içkisi olarak öykünün arasına nasıl dantel gibi işlemiş:

> *"İki bira, José."*
>
> *Joséphine, Clairmont'a şişeleri uzattı. Adam bunları bar tezgâhına iliştirilmiş bir şişe açacağıyla açtı. Joséphine ona anlamlı bir bakış fırlattıktan sonra pizzalarla birlikte yürüdü.*
>
> *Clairmont bardaklara bira doldurarak, "İşte bu kadar" diye tamamladı. "Bir kaza olduğunu zapta geçtiler. Ama olayın arkasında o kaçık karısının olduğunu herkes biliyor." Adam sırıttı. "İşin komik yanı ise vasiyetnameden bir kuruş bile koparamaması. Kadıncağızın geleceği ailenin merhametine kaldı. Yedi yıllık bir kontratı var -buna karşı bir şey yapamazlar- ama süre dolduğu zaman, vay vay vay!" Clairmont anlamlı bir omuz silkişle ekledi. "O zaman gidecek ve bana sorarsanız ondan kurtulacağız."*

Bardağını Jay'inkine vurup gözünü kırptı.
"Sağlığınıza!"

Biranın bu özelliği, "sosyal içki" olarak ona ayrı bir değer verse de, aynı zamanda biraya "alkol alışkanlığı başlatıcısı" damgası vurarak şaibelendirir.

İçki alışkanlığının başlangıç dönemini "bira içmek" oluşturur. Alkol miktarının az olmasından dolayı bira masum bir görünüm verse de "bir bardak bira", "bir tek sert içki", "bir duble sert içki", "haydi fondip" derken insan alkole alışır. Biracılara yakın çevreler ise insanların erken yaşta aile kontrolündeyken bira içmesinin ilerideki hayatının herhangi bir zor döneminde alkol tutsağı olmasını önleyeceği savını öne sürüyorlar. Hangisi doğru, siz karar verin.

Biralardaki alkol dereceleri farklılıklar gösterir. Standart bir biranın derecesi genellikle 4 derece civarındadır. Bazı özel biralarda bu rakam 8 dereceye kadar varır. Buğdaydan yapılan biraların alkol derecesi daha da yüksektir. Bunların yıllandırılmışları bile vardır.

Biranın bir de alkolsuzleri vardır. Bunlara İngilizce "*alcohol free*" denir. Tuborg, İzmir'deki fabrikasında alkolsüz bira da imal etmekte ve tamamını Arap ülkelerine ihraç etmektedir.

Bir de az alkollü biralar vardır. Bunların alkolu genelde bir derece civarındadır.

İngiltere'de alkolü az bira ilk çıktığında "*small beer*" adı verilmiş, "küçük (zayıf) bira" anlamında. Şimdi İngilizce'de "*low alcohol*" dedikleri budur. Kısaca *LA* denildiği de olur. Barsican, Kaliber, Dansk LA, Swan Light L.A. az alkollü biraların tanınmışlarıdır.

Bilinçli bira tutkunları her bira şişesinin üstündeki "künye"ye bakarak lezzeti, türü ve alkol derecesi hakkında bilgi ediniyor. İngiliz biralarının üstünde yer alan "*original gravity*" (OG) suyun içine katılan ve fer-

Bush ve Blair, pub'da fıçıdan bira çekiyor.

mentasyonu başlatan madde oranına işaret ediyor. Örneğin "OG1037", 1000 oranında suya, 37 oranında fermentasyon maddesi katılmış demek. *Gravity* arttıkça biranın alkol derecesi artıyor. Alkol derecesine göre bira "*light*", "*regular*", "*premium*", "*special*" diye dört temel gruba ayrılıyor. Ayrıca, vişneden, frambuaza, çikolataya kadar tatlandırılmış *lambic* yorumları bulunuyor. Bir de yaz, kış gibi mevsimlik biralar var.

Biraların alkol derecelerini değişik standartlara göre aşağıdaki tabloda görebiliriz:

	Derece	Amerikan Ağırlık	İngiliz Ağırlık	Avrupa Ağırlık
Hafif Biralar (*light beer*)	% 3,5	% 3,2	1030	7,5
Standart Biralar (*regular beer*)	% 4,37	% 3,5	1044	11,2
Üst Kalite Biralar (*premium beer*)	% 5,25	% 4,2	1052	13,3
Özel Biralar (*special beer*)	% 5,6-8,1	% 4,5-6,5	1056-1068	13 -17

BİRACILARA NASİHATLAR

- Ayaklarınız soğuk ve nemli ise muhtemelen bardağı düz tutamıyorsunuz.
- Ayaklarınız sıcak ve nemli ise muhtemelen idrar torbanız boşalmıştır.
- Bira renksiz ve tatsız ise muhtemelen bardak boşalmıştır.
- Karşınızdaki duvar neon lambalarla dolu ise muhtemelen yere düşmüşsünüzdür.
- Biranız tatsız ve gömleğinizin önü ıslaksa muhtemelen bardak hedefi ıskalamış, ağzınızı bulamamıştır.
- Bar karanlık olmaya başladıysa gözünüz kararmamış, muhtemelen bar kapanmıştır.

BIÈRES de la MEUSE
IMP. F. CHAMPENOIS, PARIS

bira karışımları

"Bana bira seven bir kadın gösterin,
dünyayı fethedeyim."
Kayzer Wilhelm

Aydın Boysan "Bizim güney kıyılarımızda, kavuran öğle güneşinde dil damak kuruyup, birbirini zımparalarken, soğuk "bir şey" içmek, kurtarıcı bir hayal olur. Ama ne içmeli? Biranın birinci yarım bardağı aldatıcıdır ama ikinci yarım bardakta hammallık başlar" diye ifade ediyor biranın fazlasının hammallık yaptığını.

Vücudun biraya hamallığını azaltmak için insanoğlu bazı çareler üretmiş. Özellikle sıcak günlerde vücudun aşırı su talebine cevap verirken biranın alkol oranını düşürme arayışları çeşitli bira karışımlarını ortaya çıkartmış.

Tabii bira karışımı deyince bira-arsenik karışımı da demedik. Ancak tuhaf olmakla birlikte bu da olmuş: 1900 yılının Aralık ayında Fransa'nın Breton eyaletinde iki bin kişi arsenik karıştırılmış bira içmekten zehirlenerek hastaneye kaldırılırlar. Dört kişi ölür.

Dikkat ederseniz "bira kokteylleri" diyemiyoruz. Akademik tabir olarak "bira karışımı" demek gerekiyor. Çünkü biradan kokteyl olmaz. Ola olsa bira bir şeylerle karıştırılarak içilir, o kadar. Nitekim tariflerin çoğu "biraya, bir de o kadar da şundan koyun" diye verilmiş.

Tabii bu seyreltme işlemi biranın içine "soğuk su ya da soda koyularak da kolayca yapılabilirdi. Ancak, o zaman bira tatsızlaşıyor. Oysa başka tat taşıyan içki ya da meşrubat karıştırıldığında iki tadın karışımı ortaya tamamen farklı bir tad çıkartıyor. Eskiden, benim gençliğimde 70'li yıllara kadar Beyoğlu'nda Atlas sinemasının sırasında Atlantik adında bir büfe birahane vardı. Orada biranın içine votka atılırdı. Votkalı bira siparişi verilirken "ver bir Arjantin" denirdi. Arjantin, mutlaka kulplu bardakta gelirdi. Bazıları da aynı tarihlerde biranın içine sigarasının külünü atardı. Böyle olunca kimyasal reaksiyonla biranın alkolünün artacağına inanılırdı. Sonra Arjantin'in erkekliği öldürdüğü söylentisi çıktı. Atlantik Birahanesi kapandıktan sonra aynı sistemi Çiçek Pasajı'nın girişindeki birahanelerde yapmaya devam ettik. Ancak, sonradan unutuldu. Arjantin, kulplu bira bardağının adı olarak kaldı.

Bazıları da birayı başka şeylerle bardağında değil, midesinde karıştırmayı sever. Yani kimi gece boyunca ne çeşit içki içerse içsin, yatmadan önce ciğeri susar, yanar ve en son olarak bira içer "cila" niyetine. Belki de ciladan çok "yangın söndürücüdür" bira onlar için.

Almanya'da iki çeşit bira karışımı var. Bunlardan biri Radlermass yani "bisikletli'nin birası". Bazı yörelerde "*alsterwasser*" da deniliyor. 1922 yılında Münih'in güneyindeki Kugleralm kasabasına Haziran'ın kavurucu bir sıcak gününde on üç bin bisikletli gelir. Kurnaz birahane sahibi Franz Xaver Kugler, bu kadar bisikletliye sunacak bira stoku olmadığını anlar ve hemen *radlermass*'ı icat eder. Bir ölçek biraya bir ölçek sade gazoz karıştırır ve bunu bisikletçilerin sarhoş olmasını önlemek için tedbir olduğuna herkesi inandırır. Kugler'in buluşu aslında İngiltere'de o tarihte bilinmez değildir. İngilizler bu karışımı 19. yüzyılda keşfetmişler ve adını "*shandy*" koymuşlardı.

Diğer bir bira karışımı ise *russenmass*, yani "Rus birası". 1918 yılında Matthäs Birahanesi'nin önünde soğuk bir Ekim akşamı nöbet tutan askerler, Rusya'nın Ekim İhtilali'ni destekleyerek kutlamak için biralarına gazoz katarlar. Ertesi günden itibaren bir ölçek buğday birasına bir ölçek gazoz katılarak yapılan bu karışım hâlâ revaçtadır.

Bir de Hamburg'da *alsterwasser* var. Bu da Alman *shandy*'si. Bu defa da meraklısı için dünyanın değişik yerlerinde yapılmakta olan diğer bira karışımlarını veriyorum. Bu karışımların hepsini üstat Necati Kayım kendi elleriyle hazırladı, bana da tadına bakıp "Hımmm" deyip yazmak kaldı.

EVERFLOWING WASSAIL (DETROIT)

7 şişe 330 ml'lik bira
30 ml votka
100 ml sek şeri (1 çay bardağı)
Golden elma (dilimlenmiş, fırınlanmış)
Yarım tatlı kaşığı küçük hindistan cevizi rendesi
2 adet limon (dilimlenmiş)
Yarım su bardağı toz şeker
6 adet çubuk tarçın

Büyükçe bir kaba bir şişe birayı boşaltın, içine şeri, küçük hindistan cevizi rendesi, şeker ve votkayı ilave edin. Oda sıcaklığında dört saat bekletin. Siz bu arada elmaları dilimleyip fırınlayabilirsiniz. Süre dolunca karışıma, kalan, soğutulmuş, altı şişe birayı boşaltıp karıştırın. Büyük bardaklara (varsa kulplu) önce iki dilim elma, iki dilim limon ve üç küp buz atın, sonra karışımları boşaltın. İçine bir tarçın çubuğu daldırıp sunun. (8-10 kişiliktir.)

HALF AND HALF

Ale ve *stout* biraları yarı yarıya bardağa konur. Önce *ale*, bardağın yarısına kadar doldurulur, sonra *stout* bira, ters çevrilmiş bir kaşığın üstünden akıtılarak bardak doldurulur. Bardağın altında açık renk, üstünde ise koyu renk bira renk cümbüşü yapar.

BLACK VELVET

İlk defa 1861'de Londra'da Brooks's kulübünde yapıldı ve çok beğenildi.

Şampanya ve *stout* birası yarı yarıya karıştırılır. Biz, bulabilirseniz Guinness birasıyla yapmanızı öneririz.

SHANDY

İki şekilde yapılabilir. *Ale* birası ve *ginger-ale* (zencefilli gazoz) yarı yarıya. *Porter* birası ve *ginger-ale* (zencefilli gazoz) yarı yarıya.

Karışımlar bira bardağında yapıldıktan sonra içine iki buz küpü atılır. Zencefilli gazoz bulamazsanız sade gazoz kullanabilirsiniz.

YAZ GÜNÜ RÜYASI

Bira, votka, kavun likörü ya da bira, *vodka-melon* ve sade gazozu eşit miktarlarda *long drink* bardağına koyun ve karıştırın. Üzerine bol buz ve bir nane yaprağı koyarak servise sunun.

BLACK VELVETEEN

Üç ölçek *stout* biraya bir ölçek elma şarabı koyulup karıştırılır.

DOG'S NOSE

Bir ölçek cine 12 ölçek *ale* bira karıştırılarak yapılır.

ALE FLIP

20 cc limon suyu
240 cc Ale birası
1 1/4 çay kaşığı zencefil
1 yemek kaşığı toz şeker
1 yumurta sarısı
20 cc brendi

Bir tavayı orta hararetteki ocağın üstüne koyun, içine limon suyunu, 40 cc *ale*'i, zencefili ve şekeri koyun. Bir başka kapta yumurta sarısını brendinin içine döküp çırpın. Tavadaki ılımış olan karışımı yumurta sarılı brendinin içine dökün ve iyice karıştırın. Sonra bir bira bardağına koyup içine bekleyen 200 cc *ale*'i de döküp son kez iyice karıştırın.

ICE BEER (IES BIER)

Bira suyun donma noktasından aşağıda 0° C ama alkolün donma noktasından (– 114° C) yukarıda olacak şekilde soğutulur. Donan su (buz) atılır. Geriye kalan yüksek alkollü kısmı servis yapılır.

BEER BUSTER

3,5 cl soğuk votka
Bir şişe soğuk bira
2 damla tabasco *sos*

Önceden soğutulmuş bir kulplu bira bardağına votka, bira ve *tabasco* koyulup karıştırılır. *Tabasco* bulamazsanız Acısso da olur.

BLACK AND TAN

25 cl lager birası (Harp)
25 cl stout birası (Guinness)

Adını ayaklanmalar sırasında İrlanda'ya gönderilen İngiliz askerlerinin siyah ve bej renkli üniformalarından almıştır.

Lager birası kulplu bir bira bardağının yarısına kadar doldurulur.

Bir tatlı kaşığı başaşağıya bardağın üstüne tutulup *stout* birası yavaşça kaşığın bombesine boşaltılır. Bardak dolduğunda alt yarısı açık renk, üst yarısı koyu renk olur.

BOILERMAKER

40 cl lager *birası*
2,5 cl İskoç viskisi

Birayı bardağa boşaltıp içine viskiyi dökün ve karıştırın. Rus *boilermaker* yapmak isterseniz viskinin yerine iyice soğutulmuş votka koymanız gerekecek.

CHUMBAWUMBA

30 cl elma şarabı
2,5 cl votka
30 cl lager *birası*
2,5 cl İskoç viskisi

Elma şarabı bulamıyorsanız elma suyu da kullanabilirsiniz. Sıvıların hepsini bir büyük kulplu bira bardağına koyup karıştırın.

DR. PEPPER

30 cl lager birası
30 cl Coca Cola
2,5 cl Amaretto

Birayı soğutulmuş kulplu bira bardağına koyun. Coca Cola'yı ekleyin. Amaretto'yu boşaltıp karıştırın.

IRISH CAR BOMB

50 cl Guinness birası (ya da Murphy's)
1,5 cl İrlanda viskisi
1,5 cl Bailey's Irish Cream

Guinness ya da Murphy's *stout* birası bardak yarılanıncaya kadar içilir. Yarıya gelince bir likör bardağına yarı yarıya Bailey's Irish Cream ve İrlanda viskisi koyulur. Bardakta kalmış olan biranın içine likör bardağı dolu vaziyette atılır. Atılır atılmaz köpüren biranın tamamı fondip yapılır.

SAKE BOMB

50 cl Sapporo *(Japon birası)*
3,5 cl Sake

Sapporo birası bardağın yarısına gelinceye kadar içilir. Sonra bardağın üzerine iki *chopstick* birbirine paralel olarak yatırılır. Aralarında, bir *shot* ya da bir likör bardağı üzerine koyulduğunda alta düşmeyecek biçimde bir aralık bırakılır. Likör bardağına ılık *sake* doldurulur. Dolu likör bardağı dikkatle *chopstick*'lerin üzerine yerleştirilir.

Masanın etrafındakiler hep bir ağızdan "*Sake booomb*" diye bağırarak elleriyle masanın üzerine vurur. Likör bardağı bu zelzeleye dayanamaz, "cup" diye *sapporo* birasının içine düşer. Oluşan bira-*sake* karışımı derhal fondip yapılır.

LAGER AND LIME

40 cl lager *birası*
3,5 cl limon suyu

Birayı bardağa boşaltıp limon suyunu içine ekleyin ve karıştırın. Bu karışım Kanada'nın Toronto şehrinde popülerdir. Türkiye'de "*lime*" bulmak zor olduğu için tariften çıkartıp yerine kolay bulunan limonu koydum.

MONACO

1 cl Grenadine
25 cl lager *birası*
10 cl sade gazoz

Hepsini bardağa koyup karıştırın. Bardağa iki üç adet de buz attınız mı, yaz aylarında nefis olur. Fransa'nın bazı bölgelerinde yapılan bir karışımdır. (*Grenadine*: Nar şurubu).

RED EYE

35 cl lager *birası*
2,5 cl votka
1 bardak domates suyu

Büyükçe bir kulplu bira bardağına birayı ve votkayı koyun. Üzerine aldığı kadar domates suyu doldurun. Üç adet de buz attınız mı, tamamdır.

SNAKEBITE

25 cl lager *birası*
25 cl elma şarabı

İngilizler'in sevdikleri bir karışımdır. İkisini bir bardağa döküp karıştırın.

Bavyera birahaneleri, içenleri teşvik eder. Bir birahane duvarında, müşterileri ferahlatacak şöyle bir garanti yazılıdır:

"Eğer bizim biramızı, bin iki yüz ay süreyle her akşam içerseniz, yüz yaşına kadar yaşayacağınızı garanti ederiz."

Kitabın yazarı (sağda) bir dostuyla birlikte Çiçek pasajında "şerefe" kadeh tokuştururlarken.

birahane argosu

"Atın ölümü arpadan olsun"
derdi. Biradan öldü.
Bir mezartaşı kitabesi

Hulki Aktunç'un *Büyük Argo Sözlüğü*'nden yararlanarak birahanelerde kullanılan argo sözcüklerin listesini çıkardım. Meraklısına sunulur.

Aküyü boşaltmak: İşemek
Bire: Bira
Bires: Biralar
Boğaz ola: Afiyet olsun
Bukali: Şişe
Cenazeyi kaldırmak: Hesabı ödemek
Cila çekmek: Rakıdan sonra bira içmek
Çakırkeyf olmak: Hafif sarhoş olmak
Çakırtı: İçerken bira bardaklarını birbirine vurmak
Damlacı: Prostat dolayısıyla tuvalete sık giden
Demir almak: Masadan gitmek
Fıçı dibinden ayrılmamak: Çok bira içmek
Fıçı gibi içmek: Çok içmek
Geyik muhabbeti: Yararsız, uzun uzadıya konuşma

Günah: Hesap
İyi et: Ver.
Jüt olmak: Çok sarhoş olmak.
Katır sidiği: Bira
Kayıntı yapmak: Yemek yemek
Kaynana (*Mother-in-law*): İngiltere'de Stout ve bitter biralar için
Manca: Yiyecek
Mavra: Boş söz
Naşlamak: Masadan gitmek
Paparoz: Burnu sarhoşluktan kızarmış biracı
Peçiz etmek: Eve gitmek
Radyatörü boşaltmak: İşemek
Radyatörü su kaynatmak: Çişi gelmek
Şerbet: (*Scherbet*) Avustralya'da "bira"nın argo karşılığı.
Takılgan: Müdavim müşteri
Takılmak: Devamlı, aynı
Tıngırtı: Müzik
Yatak: Bira bardağı
Yumulmak: Mezelerden ya da çerezlerden çokça yemek.

bin bir çeşit bira dükkânları

Her birinde en az bin çeşit şişe ya da kutu bira bulunan perakende bira satan ABD'deki dükkânlar şunlar:

New York	Shoreline Beverage 645, New York Avenue, Huntington, NY. 11743 Tel: 800.783 Beer www.shorelinebeverage.com
New Jersey	Lap L.A. Piccirillo, Inc. 10-12 Richards Street, Newwark, New Jersey 07105-0328 Tel: 973.589.8080
Philadelphia	Foodery 324 S 10th Str. Phila PA 19107 Tel: 215.928.1111 e-mail: sun-jack@hanmail.net
Washington D.C.	Brickskeller 1523, 22nd St. N.W. Washington, D.C. 20037 Tel: 202.293.1885 www.washingtonpost.com/yp/brickskeller

Almanya'nın Münih şehrindeki ünlü Hofbrauhaus.

birayla ilgili internet linkleri ve web siteleri (www)

alestreetnews.com
allaboutbeer.com.aab
aob.org/aob
atlanticbeerclub.com
becks.co.uk
beer drinkers of america
beer is my life
beer world
beer.com
beersummit.com
beertown
brewers.ca
brewingnews.com
camra.org.uk
celebrator.com/celebrator
cub.com.au
hopunion
international brewers guild
k1664.co.uk
kingfisherworld.com
maes-nl.com
maltadvocate.com
mother.com/abg
newcastlebrown.com
n-vision.com/beertravellers
paulaner.com/bier
realbeer.com
teakston.co.uk
the decendent beer page
the real beer page
the university of vermont

büyük bira festivalleri

ABD

Great American Beer. Her yıl Denver, Colorado'da Ekim ayında yapılıyor. Bini aşkın üretici katılıyor.

Almanya

Münih Oktoberfest. Her yıl Ekim'in ilk Pazarı'ndan önceki 16 gün boyunca Münih'te yapılıyor.

Belçika

Anvers Bira Festivali. Her yıl Kasım ayında Belçika'nın Anvers şehrinde 24 saat süren bir festival yapılıyor.

Hollanda

Hollanda Bock *Bira Festivali.* Her yıl Ekim ayında iki gün süren bu festival, Hollanda'nın Amsterdam şehrinde yapılıyor.

İngiltere

Büyük İngiliz Bira Festivali. Kısaca GBBF denilen bu festival, her yıl Ağustos ayının ilk haftasında Londra, Kensington'daki Olympia Büyük Salonu'nda yapılıyor.

Kanada

Montreal Bira Festivali. Bu yıl on birincisi yapılacak olan festival, Haziran ayının önceden seçilen beş günü Montreal şehrinde yapılıyor. (www.festivalmondialbiere.qc.ca).

Bir İrlandalı, İrlanda'da bara gitmiş üç bira istemiş. Barmen biraları vermiş. İrlandalı sırayla her birinden birer yudum içmiş ve böylece biraları bitirmiş. Barmen dayanamamış, sormuş: "Kardeşim niye üç birayı bir anda istiyorsun, bir tane söyle, bitir, diğerlerini sonra iste." İrlandalı, "Biz üç kardeşiz, ben İrlanda'da birimiz İngiltere'de, diğerimiz Amerika'da. Aramızda kararlaştırdık her bara gittiğimizde üç bira istiyoruz ve hepimiz için bir yudum içiyoruz, berabermişiz gibi oluyor" demiş. Bu barmenin çok hoşuna gitmiş ve böyle birkaç ay geçmiş. Bir gün İrlandalı bara girdiğinde barmen tam üç bira verecekken İrlandalı ikide durmasını söylemiş. Barmen donmuş kalmış, İrlandalı bir köşeye gitmiş sessizce biralarını içmiş, tam çıkacak barmen durdurmuş: "Kaybın için çok üzgünüm" demiş. İrlandalı, "Niye?" diye sormuş. Barmen: "Bugün yalnızca iki bira istedin, kardeşlerinden birini kaybettin herhalde." İrlandalı, "Ha, yok canım, nereden çıkarıyorsun" demiş. "Ben alkolü bıraktım da."

bira terimleri kılavuzu

Agresif: Baskın bir koku ve lezzet hâkimiyeti

Ale: Taze meyve kokulu, fazla mayalanmış biralar. Büyük Britanya'ya özgüdür. Beş ile altı gün gibi kısa bir sürede mayalanır.

Alkol: Biranın sertlik derecesi, genellikle yüzde cinsinden ifade edilir. Bu yüzde, alkol hacim miktarını belirtir. Birayı değerlendirirken alkol derecesiyle alkol yüzdesini karıştırmamak gerekir.

Arıtma: Şırada var olan ve biraya bulanık bir görünüş veren maddelerin ayrılması. Bu işlem, elenecek tanecikleri eriten bir maddenin eklenmesiyle gerçekleşir.

Arpa: Maltın yapıldığı tahıl.

Bira: Bira tahıldan yapılan alkollü bir içecektir. Arpa ana maddedir. Şerbetçiotu gibi diğer birçok madde de özel tadını vermek için kullanılır.

Beyaz bira: Has buğday maltıyla karıştırılan bira. Normal mayalanır, köpüğü hafif ve beyazdır. Bu biranın görünümü bulanık ve beyazımsıdır, alkol oranı fazla değildir. Bu oran yaklaşık yüzde 5 civarındadır.

Bière de garde: Dinlendirilmiş biradır. İki kez mayalandırılır, yani mayalandırma maya mantarına ve şekerlere işlevini sürdürme imkânı verecek biçimde uzatılır.

Bira üretimi: Biranın üçüncü hazırlanma evresidir. Malt, meyve aroması verecek kıvama getirilir ve bu arada şerbetçiotu da aromasını verir. Bu işlem sulu ortamda gerçekleştirilir.

Cervoise: Mayalı biraların, şerbetçiotunun keşfinden önce kullanılan eski adı.

Çıtır çıtır: Gaz oranı yüksek.

Dereceler: Şırada bulunan şekerlerin yoğunluk ölçüsüdür. Dokuz derecelik şıra, 100 gramlık şırada dokuz gram şeker bulunduğunu gösterir. Bu ölçü birimi günümüzde yaygın olarak kullanılmamaktadır.

Diasetil: Yağlı aroma ve tat.

Düşük mayalanma: Düşük sıcaklıkta (5-9° C) gerçekleştirilen mayalandırma. Mayalar fıçının dibinde toplanır.

EBV: *European Beer Convention.* Avrupa Bira Konvansiyonu. Malt ve biralara renk tariflerini yapar.

Eserli: Meyve aromalı.

Esmer bira: Maun-kahverengi, hafif mayalandırılmış bira. Köpüğü koyu ve içimi güzel. Daha çok tatlı bir biradır ve alkol oranı, ortayla sert arasında değişir.

Gueuze: Brüksel'in batısında üretilen Belçika birası. Doğal olarak mayalandırılır. 1/3 ölçü dinlenmiş *lamble* ile 1/3 ölçü genç *lamble*'dan yapılır. Karışımı şişelendikten sonra bir yıllık bir süreyle mayalandırılır.

Has buğday: Beyaz biraya bulanık görünümünü veren buğday tanesi.

IBU: *International Units of Bitterness.* Biraların acılığını ölçmek için oluşturulmuş olan düzenleme.

Inn: *Pub*'ların müşterilerine yatak da verenlerine verilen ad.

Kavrulmuş: Kavrulmuş malt tadı.

Kaynatma: Biranın kaynatılmasının amacı, su fazlalığını atmak ve şırayı mikroplardan arındırmaktır. Bu aşamada şerbetçiotu eklenilir.

Kriek: Kiraz ilave edilmiş has buğday birası. Bu ekleme, biraya meyveli özel bir tat ve pembe bir renk veriyor. Çok uzun bir süre muhafaza edilmemelidir çünkü alkol oranı çok artar.

Kesilmek (to go flat): Biranın ya – 2° C'de donması ya da bardaktaki bir kirden dolayı bozulması. Her iki halde de köpük oluşmaz.

Köpük (the head): Biranın üzerini kaplayan ve iki parmak olması gereken süngerimsi madde.

Labologist: Bira şişe etiketlerini toplayan koleksiyoncu.

Lager: Bütün dünyada en fazla tüketilen standart bira. Az mayalandırılmış sarı biradır.

Lambic: Belçika birası. Köpürmeme özelliği bulunan has buğday birası. Bu biranın mayalanması mikroorganizmaların ortaya çıkışını kolaylaştıracak biçimde karanlık ve serin mahzenlerde gerçekleştirilir. Bir yaşına kadar bir *lamble* gençtir ve iki yıldan sonra olgunlaşmış kabul edilir.

Malt: Un haline getirildikten sonra yapay olarak filizlendirilen arpa, bira üretmek için kullanılır.

Malty: Karamel benzeri, tatlı kuru bir tat.

Manastır: Ticari bira fabrikalarının ilk kez Trappe Tarikatı keşişleri tarafından üretilen trappist adlı bira formülünü uyguladıkları biralar.

Maya mantarı: Şekerli çözeltilerin mayalandırılmasıyla alkol üreten mantar. Mayalandırma çeşidinde seçenek sunan birçok maya mantarı türü bulunur.

Mayalandırma: Bira yapımında üçüncü aşama. Organik maddelerin değiştirilmesine dayanır. Enzimlerin tepkimesi sayesinde, şerbetçiotuna katılan malt alkole dönüşür.

Yüksek mayalandırma: Yüksek sıcaklıkta gerçekleştirilen bir mayalandırmadır (15-25° C). Maya mantarları fıçının tepesine kadar çıkar ve yüzeyde kalın bir tabaka oluşturur.

Doğal mayalandırma: Lambic biralarına özgüdür. Fıçı, yabani maya mantarları ve mikroorganizmalar tarafından şıranın oluşumunu kolaylaştıracak şekilde açık havada mayalanmaya bırakılır. Bu işlem 15° C'nin altındaki sıcaklıklarda gerçekleşir.

Meyveli: Çeşitli meyve tatlarına sahip.

Nişasta: Nişasta, arpadan yapılır. Bir şeker molekülünden oluşur. Fıçıyla mayalandırılması şekerin tüketimini sağlar. Bu da, alkolle karbonik gazın serbest kalmasıyla gerçekleşir.

Pub: İngilizce "*Public House*"ın, "halkevi"nin kısaltılmışı. Yatacak yer bulundurmayıp yalnızca içki ve yemek servisi yapan yer.

Sert: Zengin ve tam gövdeli.

Su: Biranın hazırlanmasında temel madde. Elde edilmek istenen bira çeşidine göre, su az ya da çok tuz içerebilir. Hafif mayalandırılmış bir bira çok mayalandırılmış bir biradan daha az tuz içermektedir.

Stout: Yüksek mayalandırma işlemiyle elde edilen koyu renk bira. Koyu renginin tersine, bu çeşit biranın alkol oranı yüksek değildir.

Şerbetçiotu: Aromatik özelliklerinden dolayı biranın yapımında kullanılan kenevir ailesine ait bir bitkidir.
Şerbetçiotu tadında: Şifalı otlar, baharatlı ve şerbetçiotunun acı tadı hâkim.
Şıra: Mayalandırılmamış olan ve malttan elde edilen şekerli sıvı.

Tortu: Şişede mayalandırılmış sıvılarda bulunan maya mantarı çökeltisi.
Trappist: Trape Tarikatı keşişlerinin manastırında yapılan bira. Daha çok ticari bira fabrikalarının ürettiği ve yalnızca terimi ödünç alan manastır biralarıyla karıştırılmamalıdır.

Zythofili (Zythophilia): Birayı çok seven kişilerin hastalığına verilen ad. Yunanca'da biraya verilen "*zythos*" kelimesinden türemiş.

kaynakça

Akkaya, Kanat, "Bir Efsanenin Yıkılışı", *Hürriyet* gazetesi, 12. 09. 2003
Aktunç, Hulki, *Türkçenin Büyük Argo Sözlüğü*, Yapı Kredi Yayınları, 1998
Anonim, "Bira (Arpa Suyu'nun Mucizesi)", *Platin* dergisi Eki
Anonim, *Le Bevande Fratelli Carli*, Oneglia, 1986
Anonim, "Köpüren Pazar", *Hürriyet İnsan Kaynakları*, 15 Ağustos 2002
Anonim, Bira Bakkalda Bu Kapakların Altında, *Karaf* Dergisi, Eylül-Ekim 1995
Anonim, *Bira Broşürü*, T. C. Tekel İdaresi Yayını, Ağustos 1951
Anonim, *Turkish State Monopolies*, T. C. Tekel İdaresi Yayını, Kabataş İstanbul, 1953
Aras Nilhan, "Harcıalem Bir Keyif", *Gusto* dergisi, Temmuz-Ağustos 2002
Avalin, Murat, "Bira Bu Haberin İçindedir", *İstanbul Life* dergisi, 34/2002

Beaumont, Stephen, *A Taste for Beer*, Storey Communications Inc, Vermont, 1995
Bilevsky, Dan, "Chech Beer Makers, Brew US.Brew U.S. Market Push", *Wall Street Journal Europe*, June 27-29 / 2003
Bober, Pray, Phyllis, *Antik ve Ortaçağda Yemek Kültürü, Sanat Kültür ve Mutfak*, Kitap Yayınevi, İstanbul, 2003
Butcher, D. Allen, *Ale and Beer (A Curious History)*, Mc Clelland and Stewart Inc, Toronto, 1989

Canaider Ben, Greg Duncan Powell, *Beer Slabs, Stubbies and Six-Packs*, Random House, Australia, 2003
Cebesoy, Ali Fuat, *Sınıf Arkadaşım Atatürk*, Temel Yayınları, İstanbul 2000
Cornell, Martya, *Beer; History Of The Pint*, Headline Book Publishing, Londra, 2003

Delerm, Philippe, *Biranın İlk Yudumu ve Diğer Küçük Zevkler*, Güncel Yayıncılık, İstanbul, 1998
Denizer, Pınar, "Oziris'in Altın Suyu", *Çay, Kahve, İçecek* Dergisi.
Doğruel, Fatma Prof. Dr, Doğruel, Suat Prof. Dr., *Osmanlı'dan Günümüze Tekel*, Tarih Vakfı, İstanbul, 2000
Doman, Marc, *The Beverage Tasting Institute's Buying Guide to Beer*, Sterling Publishing Co.Inc.,New York, 1999

Duhani, Sait Naum *Beyoğlu Reva İken*, Turing Yayınları

Dunkling, Leslic, *The Guinness Drinking Companion*, The Lyons Press Guilford Connectint, 2002

Durmuşoğulları, Celal, Aker Güner, Gök Ali, *İçecek Bilgisi Temel Ders Kitabı*, Milli Eğitim Basımevi, İstanbul, 1987

Eames, D. Alan, *Secret Life of Beer (Legends, Lore and Little Known Facts)*, Storey Books, Vermont, 1995

Eren, Hasan Prof. Dr., "*Eski* Türk İçkileri", *Üçüncü Milletlerarası Yemek Kongresi Bildirisi*, 7-12 Eylül 1990

Etkin Otelcilik, Barcılık, Gece Âlemi, Gastronomi, Spatyom Yayınları, İstanbul, 1991

Gibbons, Ed, *All Beer And Skittles?, A Short History Of Inns And Taverns*, The National Trust, Londra, 2001

Glover, Brian, *The Complete Guide to Beer*, Lorenz Books, Londra, 1999

Glover, Brian, *The Beer Companion*, Lorenz Books, Londra, 1999

Göksel, Ali Nüzhet, *Ziya Gökalp (Hayatı, Sanatı, Eserleri)*, Varlık Yayınları İstanbul, 1955

Gümüştaş, Emrullah, "İlk Alkollü İçecek Bira", *Gastronomi* dergisi

Gündeş, Bingül, "Uygarlığın Tohumlarından Yetişen Bira", *Gate* dergisi

Gürsoy, Deniz, *Çilingir Sofrasında Rakı*, Oğlak Yayınları, İstanbul, 2001

Gürsoy, Deniz, *İnceliklerin Kadehindeki Şarap*, Oğlak Yayınları, İstanbul, 2003

Harris, Joanne, *Böğürtlen Şarabı*, Altın Kitaplar, 2002

Higgins, Patrick, *The Homebrewer's Recipe Guide*, Simon and Schuster Inc., New York, 1996

Hornsey Ian. S, *A History of Beer and Brewing*, The Royal Society of Chemistry Cambridge, İngiltere, 2003

İleri, Selim, *Rüyamdaki Sofralar*, Doğan Kitapçılık, İstanbul, 2003

Jackson, Michael, *Pocket Guide to Beer*, 6. baskı, Simon and Schuster Inc., New York, 1997

Jaros, Patrik, *Buchner, Otward, Octoberfest (A Fest Feast)*, Benedict Tachen Verlog Gmbh, Köln, 1998

Kiple, F. Kenneth (editör), *The Cambridge World History of Food*, Cambridge University Press 2001

Kolmer, Lothor ve Rohr, Christian, *Möhl und Reprasentation Der Kult Ums Essen*, Ferdinend Schoning, Münih 2000

Köknal, Özcan Prof. Dr., *Bağımlılık (Alkol ve Madde Bağımlılığı)*, Altın Kitaplar Yayınevi, İstanbul, 1998
Kuraner, Tevfik, "Bu Biralar Farklıdır", *Gusto* dergisi

La France, Peter, *Beer Basics (A quick and Easy Guide)*, John Wiley and Sons Inc., New York, 1995
La France, Peter, *Cooking and Eating with Beer*, John Wiley and Sons Inc., New York, 1997
Lees, Graham, *The Camra Good Beer, Guide To Munich And Bavaria*, St. Albans, 1994
Lequenne, Fernand, *Le Livre des Boissons*, Marabout Service, 1970
Lequenne, Fernand, *Galat'lar*, Türk Tarih Kurumu Basımevi, Ankara, 1979
Lillicrap Dr., *Food and Beverage Service*, Edward Arnold Publishers Ltd., Londra, 1971
Line, David, *Brewing Beers Like Those You Buy, Special Interest*, Model Books Dorset, 2002

Montagne, Prosper, Dr. Gottschalk, *Larousse Gastronomique*, Paul Hamlyn, Londra, 1966

Nechel, Marty Etlinger, Steve ve Koch, Jim, *Amatörler için Bira*, Dünya Yayıncılık A.Ş., İstanbul, 1999

O'Brian, Robert, *The J. Willard Marriott Story*, Deseret Book Company, Utah, 1977
Orcan, Kemal, *İçki ve İçki Sohbetleri*, Sucuoğlu Matbaası, İstanbul

Öner, Kenan, *Kadeh ve Bardak İçkileri*, İstanbul Halk Basımevi, İstanbul, 1937

Plotkin, Robert, Hermansen, Ann Carol, *The Professional Guide to Bartendering (An Encyclopedia of American Mixology)*, P. S. D. Publishing Co., Arizona, 1991
Protz, Roger, *The World Beer Guide*, Carlton Books Ltd., 2000

Rae, Simon (Ed), *The Faber's Book Of Drink, Drinkers And Drinking*, Faber and Faber,London, 1991
Regan, Gary, *The Bartender's Bible*, Harper Collins Publishers, New York, 1991

Sandalcı, Mert, "Bira", *Tombak* dergisi, Sayı 14, 1997
Sapaz, Ahmet, *İçki ve Kokteyl Rehberi*, İnkılap Yayınevi, 1997
Schivelbuch, Wolfgang, *Keyif Verici Maddelerin Tarihi (Cennet, Tat ve Mantık)*, Dost Yayınları, Ankara, 2000
Schoot, Ben, *Schott's Food And Drink Misceallary*, Bloomsbury Publishing Plc., Londra, 2003
Scrivner, Jane, *The Quick-Fix, Hangover Detox*, Judy Piatkus Ltd., Londra, 2001
Sherples, Steve, Roger Protz, *Country Ales And Breweries*, Wiedfield And Nicholson, Londra, 1999

Speier, Z. Alexander, *The Official Harvard Student Agencies Bartending Course*, St. Martin's Griffin, New York, 2000
Sülker, Kemal, *Osmanlı'dan Günümüze İçki ve Toplum*, Süreç Yayıncılık, İstanbul, 1985

Tannahil, Reay, *Food in History*, Penguin Books, Londra, 1988
Toussaint-Samat, Maguelonne, *History of Food*, Blackwell Publishers Inc., Oxford, 1993
Tuğrul, Celyan Daş, *Rakı Şişesinde Balık Olmadan*, Phoenix Yayınevi, Ankara, 2001
Tutel, Eser, *Beyoğlu Beyoğlu İken*, Oğlak Yayınları, İstanbul 1998

Ünver, Bekir Sami, *İçki ve Mezeleri*, Arı Matbaası, Ankara

Wagner, Fritz, Das Getrankebuch, "Artıkel:Das Bier Vogl, Kurt, Dr.", Fachbuchverlag, Dr. Pfannenberg & Co., Giessen, 1955
Webb, Tim, *The Camra Good Beer Guide To Belgium And Holland*, St. Albans, 1995
Wehman, Henry J., *Wehman's Bartenders' Guide*, Henry J. Wehman, New York, 1891

Yalçın, Mehmet, "Bira, Biralarımız Çeşitleniyor", *Gusto* dergisi
Yazıcı, Vahit, *Bira ve Sıhhat*, Sümer Matbaası, İstanbul, 1971
Yücel, Necati, Bakan, Veysel, *Bira Sanayi Komitesi Raporu*, T.C. Başbakanlık Devlet Planlama Teşkilatı Müsteşarlığı İçki Sanayi Özel İhtisas Komisyonu, Ankara, 1966

Zat, Vefa, *Eski İstanbul Meyhaneleri*, İletişim Yayınları, İstanbul 2002

OĞLAK / YEMEK-ANI

Mutfak Sırları
Anthony Bourdain

Hemingway'le Yemek Bir Şenliktir
Craig Boreth

Zengin Sofraların Lüks Tatları
Deniz Gürsoy (2. baskı)

İnceliklerin Kadehindeki Şarap
Deniz Gürsoy

Çilingir Sofrasında Rakı Mezeleri
Deniz Gürsoy (5. baskı)

Çilingir Sofrasında Rakı
Deniz Gürsoy (5. baskı)

Üç Malzemeli Beş Yıldızlı Yemekler
Rozanne Gold (2. baskı)

Cocina Casera Turca
Derleme

Tak Koluna Sepeti
Tijen İnaltong (2. baskı)

Mevsimlerle Gelen Lezzetler
Tijen İnaltong (5. baskı)

Annemin Yemek Defteri
Esin Eden (5. baskı)

Şükür ki Gurme Dediklerinden Değilim / Eser Tutel

Tadı Damağımda Kalan Ülke: Mısır
Colette Rossant

Alice B. Toklas
Yemek Kitabı (Hazırlanıyor)